Die hilflosen Helfer und ihr Betrug

Der Autor. Ingo Michael Simon studierte in München Pädagogik und arbeitet seit Anfang der Neunzigerjahre mit Jugendlichen und Erwachsenen in verschiedenen Einrichtungen und Projekten, außerdem in selbstständiger Praxis für Psychotherapie. Sein freiberufliches Engagement gilt vor allem der Beratung von Klienten und der Weiterbildung von pädagogischen Fachkräften und Therapeuten.

Die hilflosen Helfer und ihr Betrug

Denn sie wissen genau, was sie tun

Ingo Michael Simon

Bibliografische Information der Deutschen Nationalbibliothek
Die Deutsche Nationalbibliothek verzeichnet diese Publikation in der
Deutschen Nationalbibliografie; detaillierte bibliografische Daten sind
im Internet über www.dnb.de abrufbar.

Impressum:

© 2018 – Ingo Michael Simon
Kontakt: www.ingosimon.com

Herstellung und Verlag:
BoD - BoD - Books on Demand, Norderstedt
ISBN 978-3-746068299

Dieses Buch ist all jenen Klienten gewidmet, deren flehende Stimme ich aufgrund meiner eigenen Befangenheit nicht hören konnte. Mögen sie gefunden haben, was ihnen seinerzeit verwehrt blieb.

Ingo Michael Simon

Vorwort

Die Wahrheit tanzt selten auf großer Bühne. Sie hält sich lieber versteckt, bleibt im Verborgenen. Von dort aus ist sie mächtiger als in der direkten Konfrontation, weil ihr Wirken unerkannt bleibt. Aus der Tiefe heraus führt sie Regie im Schauspiel unseres Lebens und präsentiert uns Rollen und Charaktere, die wir annehmen und ausprobieren dürfen. Sie selbst aber zeigt nur selten ihr wahres Gesicht.

Wenn die Wahrheit eines Menschen zu einer grausamen Aufführung die Bühne betritt, so versuchen wir sie zu ergründen, zu erklären, was geschehen ist. Amokläufer, Kindesentführer und Vergewaltiger lassen uns nach Schutz und Vergeltung rufen, aber auch nach den Ursachen und Hintergründen fragen. Wir trachten nach der Aufdeckung ihrer Wahrheiten, den Geschichten und Erlebnissen, die sie dazu gebracht haben, derart Zerstörerisches zu vollbringen. Abseits der ausdrucksstarken Ereignisse, ob sie nun öffentlich werden oder unentdeckt bleiben, zeigen sich die Wahrheiten aller Menschen täglich auf den kleinen Bühnen des Alltages. In unspektakulären Auftritten, ohne wissensdurstiges Publikum und ohne direkt erkennbaren Schaden für andere leben sie ihre Zielsetzungen aus, beauftragen uns als ihre Schauspieler und Darsteller. Jeder Mensch wird zum Erfüllungsgehilfen seiner eigenen Wahrheit und ist ihr schutzlos ausgeliefert, wenn er sie nicht erkennt und versteht.

Keine Wahrheit gibt es zweimal. Wir alle leben mit einer persönlichen, unvergleichlichen und niemals zu wiederholenden Lebensgeschichte. Wir begegnen ihr täglich mit allem, was wir sind und mit all unseren Möglichkeiten. Es ist unsere Aufgabe, etwas aus ihr zu machen, die verlorene Wahrheit zu finden, damit der Preis, den wir für ihren Verlust bezahlt haben, die leidvolle Erfahrung der Unehrlichkeit, nicht umsonst gewesen ist. Solange wir leben, ist es niemals zu spät, auf die Suche nach der eigenen Wahrheit zu gehen, um ihre Verdammnis aufzuheben und die Unehrlichkeit zu beenden.

Den Sinn des Lebens können wir überall suchen. Finden werden wir ihn nur in uns selbst. Doch trotz aller Einzigartigkeit der menschlichen Lebensgeschichten gibt es so häufig auffällige Übereinstimmungen in den Verhaltensmustern verschiedener Personen, dass zumindest Ähnlichkeiten in den Zusammenhängen ihrer jeweiligen Erfahrungen unterstellt werden können. Diese bestehen weniger in inhaltlichen Übereinstimmungen als in ähnlichen Beziehungsstrukturen, die sie erlebt haben. Als Pädagoge interessiert mich die jeweilige Erfahrungswelt meiner Klienten. Ich erlebe es als spannend und bereichernd, wenn ich sie ein Stück bei der Erforschung ihrer Wahrheiten begleiten darf. Das wäre niemals möglich geworden, wenn ich nicht als Klient den gleichen Weg gegangen und meiner Wahrheit begegnet wäre. Nur so gelingt es mir, sie immer wieder zu erkennen und mich nicht von ihr steuern zu lassen, wenn ich mit meinen Klienten arbeite. Auf dem Weg meiner Auseinandersetzung mit menschlichen Erlebnissen und Erfahrungen sind mir im Kreis meiner Berufskollegen immer wieder bizarre Zugangsweisen zu Schicksalen und zwanghaft anmutende Umgangsformen mit Klienten aufgefallen. Meine Beobachtungen haben mich schließlich zu der Frage geführt, welche Wahrheiten es sind, die Pädagogen in ihren Beruf treiben, mehr noch, ob es ein gemeinsames Muster gibt, das sie im Umgang mit ihren Klienten handeln lässt. Die Vorstellung von dem Helfer mit Helfer-Syndrom ist wohl so alt wie die helfenden Berufe selbst. Ein Schlagwort genügt aber nicht, um Wahrheiten zu erkennen, es sagt nichts über ihre Gesichter aus. Seit Jahren befasse ich mich daher mit der Frage, wie diese bei den pädagogischen Fachkräften aussehen und vor allem, was sie daraus machen.

Wenn ich in diesem Buch von Pädagogen spreche, meine ich alle Menschen, die beruflich oder ehrenamtlich damit beauftragt sind, andere Menschen zu erziehen, sie etwas zu lehren, sie bei einer Problembewältigung oder auf einem Entwicklungsweg zu begleiten. Im Wesentlichen sind das Erzieher, Lehrer, Ausbilder und Sozialpädagogen. Die Beispiele, die ich in diesem Buch erläutere, stammen aus der sozialpädagogischen und beraterischen Praxis, die Erörterung meiner Ansichten und Schlussfolgerungen gelten ebenso für die anderen pädagogischen Abeitsbereiche.

Die Bestandsaufnahme fällt dabei schlimmer aus, als ich am Anfang meiner Suche dachte und lässt mich heute an der Sinnhaftigkeit der organisierten Pädagogik zweifeln. Nicht etwa, weil ihre Zielsetzungen keine geeigneten wären oder Klienten keine Ansprechpartner mehr bräuchten. Der Bedarf an pädagogischen Angeboten ist vorhanden, sozialpädagogisch begleitete Projekte kaum noch wegzudenken. Auf den Hilfe suchenden Menschen kommt mit dem pädagogischen Angebot jedoch häufig ein weiteres Problem zu. In zu vielen Fällen ist es größer als jede andere Belastung, die er in sich trägt und brutaler als seine eigene Wahrheit: die Bedürftigkeit des Pädagogen. Sie verleitet ihn zum Betrug an seinem Klienten, der dies nicht merken soll. Sie degradiert Pädagogik zur Selbsthilfe für den Pädagogen. Das Schockierende ist, dass es sich dabei nicht um die Ausnahme handelt, sondern um die Regel. Ziel meines Buches ist das Aufdecken dieser Regel und der Versuch, auf die Wahrheit zu blicken, die sich dahinter verbirgt. Die geschilderten Fallbeispiele sind eine kurze Reise über die kleinen Bühnen meiner pädagogischen Erfahrungen der vergangenen Jahre. Ich habe bewusst auf die spektakulären Erlebnisse verzichtet, da die Wahrheit auch im Kleinen und Unauffälligen zu finden ist und dort nicht geringere Bedeutung hat.

Es ist mir bewusst, dass ich den größten Teil der pädagogischen Fachwelt mit meinen Ausführungen anklage und zum Handeln auffordere. Es bleibt dem Leser selbst überlassen, Stellung zu beziehen und Schlussfolgerungen aus meinen Überlegungen zu ziehen. Ich würde sie nicht preisgeben, wenn ich nicht die tiefe Überzeugung hätte, dass der Betrüger sein Werk beenden und neue Wege gehen kann.

Begegnung

Wieder einmal saß ich an meinem Schreibtisch und versuchte ein wenig Ordnung in meine Arbeitsunterlagen zu bringen, als ein etwa 50-jähriger, etwas untersetzter Mann in meiner offen stehenden Bürotür stand. Er trug Alltagskleidung, sein strenger Blick wirkte etwas angespannt und er blickte mit leicht gesenktem Kopf über den Rand seiner Brille zu mir hin. „Sind Sie der Herr Simon?", fragte er mich in einem Tonfall, den Menschen benutzen, wenn sie nach langer Suche der zuständigen Person endlich denjenigen gefunden haben, dem sie eine Beschwerde vortragen können. An seiner Seite stand ein Mädchen, schätzungsweise sechzehn Jahre alt, mit engen Jeans, einem Oberteil mit langen Ärmeln und einem Schal, der offen und locker herabhing. Auf ihrem Kopf trug sie einen schwarzen Filzhut, etwas schräg aufgesetzt mit modisch gezupften Haaren und einem Haarteil, das ebenfalls passend in das Erscheinungsbild von Gesicht, Frisur und Hut eingeflochten war. Ich stand schwungvoll von meinem Schreibtisch auf und bewegte mich um ihn herum, da er nicht als Grenze zwischen uns stehen sollte. Ich begrüßte beide mit einem Händedruck und bat sie weiter in den Raum hinein, um in meiner Sitzecke Platz zu nehmen. Es standen dort vier Sessel und ein kleiner, quadratischer Tisch. Der Mann setzte sich in einen Sessel, legte die Hände auf die hölzernen Armlehnen und nahm eine nach hinten gelehnte Haltung mit betont abgesenktem Kopf ein, um weiterhin über den Rand seiner Brille zu blicken, was für seine Rolle in diesem Kontakt für Bedeutung zu sein schien. Ich musste bei seinem Anblick an eine Filmszene denken, in der ein Direktor einer Besserungsanstalt für schwer erziehbare und verwahrloste Kinder ein Mädchen zurückbrachte in eine normale Schule. Der Gedanke war schnell wieder verflogen, aber das Gefühl blieb klar und deutlich: Dieser Mann war der Aufseher einer Besserungsanstalt, die er heute allerdings nur unter einer anderen Bezeichnung und einem anderen offiziellen Anspruch führen konnte. Er hatte sich einen Tag vorher telefonisch angekündigt. Daher wusste ich, dass seine Frau und er eine Pflegefamilie mit vier Pflegekindern hatten, auf einem Bauernhof, abseits gelegen in den Südausläufern des Hunsrück. Aus unserem Telefonat wusste ich nur, dass eines der Mädchen dieser Pflegefamilie als mehrfache Schulabbrecherin keinen Schulabschluss hatte und an keiner Schule mehr aufgenommen wurde. Zu jener Zeit arbeitete ich mit einer Gruppe von Jugendlichen, die in einem außerschulischen Projekt die Möglichkeit des Erreichens eines Schulabschlusses erhalten sollten.

Das Mädchen saß regungslos mit übereinander geschlagenen Beinen im Sessel, nur ihre Hände spielten mit dem herunterhängenden Schal. Auf ihrem Gesicht lag ein zurückgehaltenes Lächeln, die Augen waren weit geöffnet und die Augenbrauen hochgezogen. Sie schien etwas verwundert zu sein über die Freundlichkeit und Unbefangenheit, die ich im Kontakt mit ihr zeigte. Gleichzeitig schien sie fast ein wenig beschämt, so als verdiene sie diese Unbefangenheit nicht. Sie hatte etwas anderes erwartet. Sie hielt ihre Augenbrauen hochgezogen und ließ ihren Blick schnell hin und her wandern, ohne dabei irgendjemanden oder irgendetwas anzusehen, so als ob sie am Abwarten war, wann die freundliche Stimmung unseres Treffens kippen würde. Ich musste lächeln, als ich das Mädchen so dasitzen sah und um die sekundenlange Stille zu durchbrechen, fragte ich: „Wie ist dein Name?"

„Amanda", antwortete sie kurz, ohne mich anzusehen. „Herzlich willkommen, Amanda", sagte ich. „Wir möchten darüber reden, was wir gemeinsam tun können, um dir einen Schulabschluss zu ermöglichen." Sie blickte zwischen ihrem Pflegevater und meiner Person hin und her, hatte die Augenbrauen noch höher gezogen und schien mit ihren Blicken zu fragen, ob ich das ehrlich meinte. Inzwischen war das zurückgehaltene Lächeln zu einem deutlichen und gelösteren geworden, Amandas Körperhaltung entspannte sich und bei den schnellen Blickwendungen wippte sie mit dem Oberkörper wie ein freudiges, ungeduldiges Kind, das auf ein Geburtstagsgeschenk oder eine andere Überraschung wartet. Mein Lächeln steigerte sich ebenfalls zu einem freundlichen Lachen, so wie ehrlich Schenkende das tun.

„Das scheint dich zu überraschen", sagte ich und als sei es das Selbstverständlichste der Welt, antwortete sie: „Ja, klar!"

Die gelöste Stimmung schlug plötzlich in eine spürbare Anspannung um, als sich der untersetzte Mann mit strengem Tonfall in zurechtweisender Manier an mich wandte und sagte: „Also Herr Simon, Amanda kann auch ganz anders. Ihre Wutausbrüche sind manchmal unkontrollierbar und wenn Sie da nicht sofort dagegenhalten und stärker sind, bekommen Sie die nicht mehr in den Griff."

Ich hörte ihm ruhig und aufmerksam zu und wurde das Gefühl nicht los, dass er mich bereits jetzt, auch ohne dass die geringste Aggression von Amanda ausging, als zu wenig streng ansah und mir mitteilen wollte, ich solle nicht zu freundlich und locker mit ihr umgehen. Er berichtete kurz einige Zwischenfälle aus der Pflegefamilie, um mich auf die Gefährlichkeit von Amandas Wutausbrüchen und meiner unvoreingenommenen Art in der ersten Begegnung hinzuweisen. Während seiner Ausführungen blickte ich lächelnd zu Amanda hinüber, die ihn ohne den Kopf zu bewegen mit seitlichem Blick fixierte. Ihr Körper lehnte sich von ihm weg und ich spürte ihre innere Anspannung und die sich aufstauende Wut und Aggression. Plötzlich sprang sie von ihrem Sessel auf, verschränkte die Arme vor dem Körper und ging unruhig vor ihrem Sessel hin und her, blieb schließlich einen Schritt abseits stehen, drehte den Kopf zur Seite und schaute starr zur Wand. Ihre schnellen Bewegungen hatten etwas von einer Katze, die in Bedrängnis hin und her geht und nun an dem Punkt einer Entscheidung zwischen Angriff und Flucht steht. Herr Göbel, der untersetzte Mann, unterbrach seine Belehrungen und wandte sich Amanda zu. „Warum springst du schon wieder auf? Wir reden hier nur über die Wahrheit. Genau das meine ich: Du bist unbeherrscht."

Sein Tonfall war streng und laut. Ich schaute interessiert zu, wie die beiden anfingen sich zu streiten und fragte mich, wer wohl zuerst zum Angriff übergehen würde, den ich mir in Amandas Fall nach den Schilderungen des Herrn Göbel sehr vehement vorstellte. Halb Hilfe suchend, halb rechtfertigend ob seiner eigenen Lautstärke sagte er schließlich zu mir: „Sehen Sie, so ist das immer. Sie explodiert immer gleich." Amanda wurde lauter und sagte, sie könnte nicht mehr sitzen und hätte keine Lust mehr auf dieses Gespräch.

„Jetzt setz dich doch wieder hin, Mädchen!", forderte sie Herr Göbel auf, indem er gleichzeitig mit beiden Händen auf ihren Sessel deutete.

„Nein, ich setze mich nicht wieder hin", antwortete sie und wiederholte es noch einmal mit Blickwendung zu mir. Ungeachtet des Erziehungskonfliktes oder besser des Beziehungskonfliktes zwischen Pflegevater und Amanda nahm ich nun wieder meine Rolle als Moderator des Gespräches ein und schaute Amanda an.

„Wenn du lieber stehst, ist das in Ordnung. Ich brauche es nicht, dass du sitzt, wenn wir uns unterhalten." Ihre inzwischen wieder hektisch gewordenen Kopfbewegungen stoppten abrupt und sie schaute mich ungläubig an. „Ja, o.k.", sagte sie kurz und beobachtete ihren Pflegevater aus dem Augenwinkel heraus. Es war mir bewusst, dass ich in diesem Moment in die Auseinandersetzung der beiden eingriff und möglicherweise dadurch Partei gegen Herrn Göbel ergriffen hatte, was nicht meine Absicht war. Davon aber ließ ich mich nicht aufhalten, da ich derjenige war, der zu diesem Gespräch eingeladen hatte und die Unterhaltung in meinem Büro stattfand. Es ging mir darum, Amanda vor der Aufnahme in das Projekt kennen zu lernen und zwischen uns dreien, Amanda, ihrem Pflegevater und meiner Person, einen ersten Kontakt aufzubauen. Dazu konnte und wollte ich mir weder die Art der Gesprächsführung noch die Sitzordnung oder meine eigenen Reaktionen auf Amandas Äußerungen vorschreiben lassen. Herr Göbel akzeptierte meine Reaktion glücklicherweise, sodass mir eine Auseinandersetzung über die Zuständigkeiten in diesem Gespräch erspart blieb. Um das im Raum stehende Thema nicht zu vernachlässigen und gleichzeitig Amanda näher kennen zu lernen, begann ich mit ihr eine Unterhaltung zu ihren Wutausbrüchen und ließ sie erzählen. Ganz offen berichtete sie von gewaltsamen Reaktionen ihrerseits, die von unauffälligen Auslösern angestoßen werden könnten, wobei sie das ihrer Vergangenheit zuordnete. Immer wieder sei es vorgekommen, dass sie eine schwere, grobgliedrige Kette mit einem großen, massiven Kreuz daran in der Wut mit einem festen Ruck von ihrem Hals gerissen und mit dem eisernen Kreuz in der Faust wie mit einem Schlagring zugeschlagen hätte. Sie versuchte diese Zwischenfälle nicht zu rechtfertigen, sondern war sich im Klaren darüber, dass ihre Gewaltreaktionen überzogen und unrecht waren. Die Kette trug sie in unserem Gespräch nicht. Auf meine Frage, wo diese sei, sagte sie, dass sie so etwas nicht mehr bräuchte, nicht mehr zuschlagen würde.

Ich hörte ihr neugierig zu und versuchte mir vorzustellen, wie einer ihrer typischen Wutausbrüche aussehen würde und ob es in unserer Gruppe zu einem solchen Zwischenfall kommen könnte. Während sie erzählte, schien sie innerlich ruhig. Scheinbar genoss sie es, einen ehrlichen Zuhörer gefunden zu haben, bei dem sie über ihre Vergangenheit reden konnte, ohne dafür zurechtgewiesen, belehrt oder gar verurteilt zu werden. Amanda hatte eine liebenswert freche Ausstrahlung und wirkte so unschuldig und verletzlich, dass das Bild einer gewalttätigen jungen Frau, die ihre Impulse kaum kontrollieren konnte, nicht recht entstehen wollte, obwohl mir bewusst war, dass die wenigsten Menschen, die zu unkontrollierter Brutalität neigen, von ihrer äußeren Erscheinung her wirklich auffällig sind.

Plötzlich wandelte sich die Situation. Ein unerfahrener Beobachter könnte meinen wie aus heiterem Himmel. Es war nur ein einziger Satz, eine Geste, vielleicht ein bestimmter Tonfall oder auch nur die erwartete Reaktion auf das Drücken eines unsichtbaren inneren Knopfes, der von Amanda betätigt wurde. Diese einfache und harmlos erscheinende Reaktion des Herrn Göbel, der mit einem kurzen Satz Amandas Ausführungen unterbrach, löste einen kleinen Impuls aus, der eine innere Kette von emotionalen Reaktionen anstieß.

„Sie kann schon sehr aggressiv werden", sagte Herr Göbel und er tat es nicht einmal besonders laut. In meiner eigenen Wahrnehmung diente dieser kurze Einwurf dazu, mich auf die Gefahr und die Ernsthaftigkeit eines Problemverhaltens aufmerksam zu machen, möglicherweise auch diesmal, weil Herr Göbel mich als zu ruhig und unbekümmert wahrnahm. Mit seinem Hinweis, dass ich Amanda mit Strenge und Härte begegnen solle, um ihre Wutausbrüche kontrollierbar zu machen, hatte er seine Erwartungshaltung bereits formuliert und seine Gestik und Mimik verrieten mir, dass er bereits jetzt mit meinen tatsächlichen Reaktionen unzufrieden war. Nun war dieser kleine Impuls da, diese kurze Unterbrechung, dieser winzige Funke auf eine emotionale Zündschnur, die in rasanter Geschwindigkeit zu brennen begann und innerhalb eines Lidschlages die Bombe erreichte.

Amanda platzte förmlich aus sich heraus und begann laut zu schreien: „Jetzt reicht es mir aber. Ich habe gesagt, dass das vorbei ist. Mir geht sowieso hier alles auf die Nerven. Ich habe keine Lust mehr auf diesen Quatsch. Da kann ich gleich wieder gehen." Sie wippte unruhig auf den Beinen hin und her und schrie Herrn Göbel weiter an. Sie wolle nicht verurteilt werden, er wisse nichts von ihrer Vergangenheit und es nehme sie sowieso niemand ernst.

„Amanda!", rief er mit strengem Tonfall, was sie provozierte, sich noch energischer und lauter gegen ihn aufzulehnen und damit gegen alle, die sie nicht unbefangen annehmen konnten, gegen alle, die ihr nicht zuhören wollten, gegen alle, die bereits ein Bild von ihr hatten, ohne sie zu kennen. Beide schrien sich gegenseitig einige Minuten lang an. Sie beklagte sich dabei unentwegt über das fehlende Interesse an ihrer Person und über die Verlogenheit der Menschen, mit denen sie in ihrem bisherigen Leben zu tun hatte. Er versuchte gleichermaßen stark dagegenzuhalten und in der Auseinandersetzung die Oberhand zu gewinnen, so wie er es als notwendige

Reaktion auf Amandas Ausschreitungen zu Beginn unseres Treffens beschrieben hatte.

Zunächst entstand bei mir der Eindruck, beide hielten sich etwas zurück, da sie sich angriffslustig wie zwei rivalisierende Wolfsrudelführer gegenüberstanden und immer wieder zuckende Bewegungsimpulse in den Armen und Beinen zeigten, schließlich jedoch nicht aufeinander losgingen. Wie ein Tornado tobte diese Auseinandersetzung durch mein Büro, scheinbar aus dem Nichts kommend, in kürzester Zeit zum vernichtenden Sturm aufbrausend und unberechenbar in seiner Bewegungsrichtung und Zerstörungskraft. Sehr rasch aber wich meine Wahrnehmung der sich gerade noch beherrschenden Wölfe und ich hatte das Gefühl, in einem Theater zu sitzen. Es kam mir nun vor wie die Szene eines Dramas, die eigens für mich aufgeführt wurde, um mir etwas mitzuteilen, um einen Eindruck bei mir entstehen zu lassen und eine Entscheidung zu provozieren. Es schien eine intuitive, wenn auch unbewusste Abmachung zwischen beiden zu sein, dass genau diese Auseinandersetzung in meiner Anwesenheit vorkommen sollte, zumindest empfand ich selbst dieses Schauspiel als Aufforderung von beiden Personen an mich, Stellung zu beziehen und die Partei einer Seite in dieser Auseinandersetzung einzunehmen.

Interessanterweise, aber nicht unerwartet, legten es wohl beide darauf an, dass ich eine ähnliche Rolle wie der untersetzte Mann einnehmen sollte. Herr Göbel würde damit in seinem Bild von Amanda bestätigt und sie selbst in ihrem Glauben, immer wieder das Gleiche zu erleben. Ich kannte ein solches Vorgehen von den Klienten in der Beratung, die ein Problem nicht nur besprechen, sondern es im Beratungskontakt auch zeitweise ausleben, um seine Gültigkeit zu überprüfen. Menschen, die beispielsweise für ein bestimmtes Verhalten von ihrem Partner verurteilt werden, versuchen zunächst einmal, auch von ihrem Berater dafür verurteilt zu werden. Sie überprüfen die Gültigkeit ihrer Erfahrung.

So schnell der Tornado entstanden war, legte er sich auch wieder. Mit einem Mal war es völlig ruhig, Herr Göbel und Amanda verharrten regungslos in ihrer jeweiligen Position. Amanda hatte sich zu mir hingedreht und stand keine zwei Meter von mir entfernt mit verschränkten Armen, immer noch Wut und Trotz in ihrer Mimik. Gleichzeitig konnte ich Unsicherheit und Angst spüren, die sich hinter der Fassade der starken Wölfin verbargen. Sie schaute durch mich hindurch und sagte mit betonter Gleichgültigkeit in ihrer Stimme: „Von mir aus können wir es auch gleich lassen."

Ich fühlte mich nicht im Geringsten verpflichtet oder auch nur dazu motiviert, den mir zugeschriebenen Part in diesem Drama einzunehmen und damit zum Richter der dargebotenen Auseinandersetzung zu werden und damit zu erfüllen, was bereits vorgegeben war. Gegenstand unseres Treffens war nicht die Konfliktmoderation zwischen Pflegevater und Pflegetochter, auch keine Erziehungsberatung oder Begutachtung einer Verhaltensauffälligkeit einer Person. Es ging um die Frage, ob Amanda an unserem Projekt teilnehmen und in einer Gruppe von Jugendlichen daran arbeiten wollte, einen

Schulabschluss zu erlangen. Außerdem war mein Einverständnis erforderlich und damit eine Entscheidung darüber, ob ich der Gruppe, Amanda und unserem Team zutraute, miteinander ein notwendiges Mindestmaß an Beziehung aufzubauen.

Ich verließ schließlich innerlich das Theater, das für mich errichtet wurde, und begab mich zurück auf die Bühne der Beziehung zwischen Amanda und mir, denn nur diese war von Belang für unsere Arbeit miteinander. Ich saß locker zurückgelehnt in meinem Sessel und sagte lächelnd einen Satz, der sträflich und zerstörerisch gewesen wäre, wenn er nicht absolut authentisch gewesen wäre.

„Amanda, ich mag dich“, kam es ohne Überlegung und ohne Berechnung über meine Lippen. Es war kein Kalkül, kein Trick, um eine bestimmte Reaktion hervorzurufen. Es spielte auch keine Rolle, ob Amanda nun ablehnend darauf reagieren würde oder erleichtert sein könnte. Es war einfach nur ehrlich, so wie ich jede andere Empfindung auch mitgeteilt hätte.

„Was?“, entgegnete sie mir mit einer Mischung aus Überraschung und Unverständnis in ihrer Stimme.

„Das überrascht dich?“, fragte ich sie.

„Ja, klar“, antwortete sie und zog dabei die Augenbrauen und die Schultern nach oben, als wolle sie andeuten, dass ihre Überraschung die natürlichste Reaktion der Welt sei. Ich verstand, dass genau diese Verwunderung in der Tat die einzig denkbare Reaktion auf meine Sympathiebekundung sein konnte, da die Erfahrung des Angenommenwerdens eine völlig neue war.

„Ich hab gedacht, Sie schmeißen mich jetzt raus“, sagte sie weiter und konnte ihr Lächeln, das sie wieder versucht hatte zu unterdrücken, nun nicht mehr verbergen.

„Du denkst, dass dich niemand akzeptieren könnte, wenn du wütend wirst. Dass dich dann noch jemand liebenswert findet, kannst du kaum glauben.“

Ihre Gefühle der Unzulänglichkeit und ihre innere Überzeugung, nicht wert zu sein, von anderen Menschen geliebt zu werden, wollte ich nicht ansprechen. Einerseits war die Situation nicht vertraulich genug, andererseits waren Zeitpunkt und Anlass nicht passend. Amanda hüpfte hin und her, hielt die Ellbogen am Oberkörper und machte mit den Händen flügelschlagähnliche schnelle Bewegungen, wie ich sie gelegentlich bei kleinen Mädchen sehe, wenn sie sich freuen. Da hüpfte nun dieses kleine Kind vor mir hin und her und durfte für einen kurzen Augenblick so sein, wie es war. Wie befreit aus einem Kerker meldete sich schlagartig ein ganz kleines Mädchen in dieser heranwachsenden Frau, das noch einmal unbekümmert und glücklich umherspringen durfte und mit den Händen flatterte wie ein Küken, das versucht zu fliegen. Immer wieder sagte sie: „Das gibt's doch nicht, ich flippe hier aus und der hat mich gern.“

Ähnliche Momente erlebe ich immer wieder in der Beratung einzelner Personen und in Gruppen: plötzliche, manchmal nur flüchtige und sehr begrenzte Augenblicke der inneren Befreiung. Immer sind sie begleitet von einer kindlichen Gestik, Mimik oder Wortwahl; manchmal auch von einem deutlichen Anheben der Stimme, sodass sie etwas mehr wie die eines Kindes klingt. Seit der Begegnung mit dem verborgenen Kind in mir selbst, seit seiner Befreiung und der Versöhnung mit ihm empfinde ich in solchen Momenten Anteilnahme und Freude, ohne das Kind, das mir dann begegnet, mit der eigenen Kinderseele zu verwechseln. Amanda wusste von alledem nichts. Alles, was sie empfand, war ein Augenblick des Glücklichseins und das war bereits viel mehr, als sie sich jemals vorstellen konnte. Ich schaute ihr zu und ließ diesen Augenblick andauern. Ich nahm keinen weiteren Kontakt zu Herrn Göbel auf, um genau diesen Moment der Loslösung nicht zu unterbrechen. Gerade jetzt erschien mir nichts wichtiger, als Amanda diesen Freiraum zu geben. Ein wahrlich einfaches Zugeständnis, das für sie jedoch immense Bedeutung erlangte; ein kurzer Augenblick für uns mit der unendlichen Weite des Universums für sie.

Amanda wurde ruhiger, fasste ihren rechts und links herunterhängenden Schal mit beiden Händen, sodass jeweils etwa zwanzig Zentimeter übrig waren, die sie abwechselnd mit ruckartigen kurzen Bewegungen aus den Handgelenken spielerisch nach oben warf. Sie setzte sich wieder hin und wartete mit ihrem Schal spielend, wie es weitergehen würde. Ich musste wieder an kleine Mädchen denken, die voller Vorfreude auf etwas kurz Bevorstehendes warten.

„Was hältst du davon, morgen bei uns anzufangen?“, fragte ich sie und spürte, wie beide, Amanda und der untersetzte Herr Göbel, davon überrascht waren. Der Pflegevater schaute mich wieder mit seinem über den Brillenrand geschobenen Blick an und meinte: „Das passiert halt öfter." Ich lächelte nur und richtete den Blick zu Amanda, die sich ruckartig die Hand vor den Mund hielt und ohne den Kopf zu bewegen zur Seite schaute, so als wäre sie gerade bei etwas erwischt worden.

„Du kannst es immer noch nicht glauben", sagte ich und sie entgegnete leise: „Und ich war so frech."

Wir unterhielten uns noch einige Minuten über die Formalitäten und mit Herrn Göbel sprach ich über die Möglichkeiten der Zusammenarbeit im Sinne einer Elternarbeit zwischen unserem Team und den Pflegeeltern. Als ich die beiden verabschiedete, hielt Amanda meine Hand für einen kurzen Moment fest und sagte: „Danke schön ...", und mit einem Lächeln und leicht gesenktem Kopf: „... und Entschuldigung".

So alltäglich, zufällig und unbedeutend der Verlauf des Gespräches auf den ersten Blick auch scheinen mag, so liegt doch etwas Besonderes und Wunderbares darin. Ein lange bewachtes Geheimnis im erdrückenden Kerker der Seele durfte sich für einen Augenblick lang ausbreiten und strecken, nach Licht und Atem suchen wie ein Gefangener, dem nach Jahren der Finsternis ein kleiner Spalt in der Mauer der ihn umgebenden Festung geöffnet wird. So streckte sich das innere Kind in Amanda nach der ehrlichen Zuneigung, die ich ihr entgegenbrachte.

Wir alle kommen mit dem Wunsch nach Zuneigung und Wärme zur Welt. Wir streben nach Entwicklung und Entfaltung unserer Persönlichkeit, sind dabei aber dringend angewiesen auf die Bewertungen der Menschen, mit denen wir leben. Zu Beginn unseres Lebens sind das meistens die Eltern oder andere Bezugspersonen, die mit unserer Fürsorge betraut sind. Später sind es Freunde, Lebensgefährten oder Kollegen. Und deren Bewertungen unseres Verhaltens entscheiden darüber, ob wir Lob oder Tadel, Zuneigung oder Ablehnung erfahren. Freilich kommt es häufig zu Abweichungen zwischen den elterlichen Beurteilungen und der kindlichen Einschätzung darüber, was richtig oder falsch ist, gut oder böse, erlaubt oder verboten. Der Umgang mit diesen Unterschieden ist Aufgabe und Herausforderung der Erziehung und häufig auch ihr Zerstörer. Vernichtend wird er immer dann, wenn Erziehung darüber richtet, was Kinder sein dürfen anstatt sich damit zu beschäftigen, was sie tun dürfen. Die Verwechslung und unüberlegte Durchmischung beider Fragen beobachte ich seit Jahren in der pädagogischen Praxis nicht nur der elterlichen Erziehung, sondern vor allem bei den Menschen, deren Beruf Erziehung und pädagogische Begleitung oder Förderung von Menschen ist. Alles sein zu dürfen bedeutet, jede Empfindung, jedes Gefühl so erleben zu dürfen, wie es spürbar ist, ohne dafür verurteilt zu werden und ohne Konsequenzen fürchten zu müssen. Diese Anforderung ist weniger gefährlich, als wir manchmal glauben, da sie nicht beinhaltet, dass wir auch alles tun dürfen, was unsere Gefühle uns nahe legen. Wut zu empfinden und sie auch mitzuteilen, ist etwas anderes, als sie in Gewalt auszuagieren. Gewalt zu verbieten bedarf keiner Rechtfertigung, Wut zu untersagen bleibt jedoch erklärungsbedürftig. Die Art, wie die Wut zum Ausdruck gebracht werden darf, muss Regeln unterliegen, damit anderen kein Unrecht geschieht und sie nicht auf Kosten der emotionalen Entspannung des Wütenden leiden müssen. Nicht die Wut ist aber der Auslöser von Gewalt, sondern das Gebot der Unterdrückung. Amanda hatte gelernt, dass ihren Gefühlen kein Raum gegeben wurde. In ihrer Kindheit lebte sie in zerrissenen Verhältnissen, ohne wirklichen Ansprechpartner. Sie erlebte Gewalt und Missbrauch und lernte stillzuhalten und zu ertragen. Die größte Beachtung erfuhr sie immer dann, wenn sie etwas Unangepasstes tat, Streit mit anderen Kindern anfing, sich mit anderen prügelte. In der Schule konnte sie nicht mit hervorragenden Leistungen glänzen, aber sehr leicht die ganze Aufmerksamkeit auf sich ziehen, indem sie Lehrer beleidigte, Mitschülerinnen verprügelte oder unentschuldigt fehlte. Das brachte ihr mehrere Schulverweise ein, aber immerhin stand sie bei Konferenzen und Elterngesprächen ganz im Mittelpunkt. Ihr Wunsch, in ihrer inneren Not angehört zu werden, etwas über sich selbst und ihr Leiden zu erzählen, konnte damit nicht erfüllt werden, sodass sie über Jahre hinweg das gleiche Muster von Aggression und Gewalt auslebte, um wenigstens diese Ersatzaufmerksamkeit zu erzwingen.

Das Fatale lag darin, dass Amanda inzwischen glaubte, sie sei es nicht wert, geliebt zu werden, etwas mit ihr stimme nicht, das die Ablehnung durch ihre Mitmenschen rechtfertigte.

In meinem Büro hätte sie bei Weitem nicht alles tun dürfen. Aber – und das spürte sie intuitiv und erlebte es in meinen Reaktionen – sie durfte alles sein, was sie war. Sie durfte ihre Gefühle wahrnehmen und zum Ausdruck bringen, ohne dafür verurteilt zu werden. Es war ihr erlaubt, Kind zu sein und Jugendliche, ganz wie sie es wollte, denn die Situation erforderte kein bestimmtes Verhalten, da sie ohne Zielsetzung war. Es war ein offener Raum der Begegnung. Mein Angebot war es, Amanda zu begegnen mit allem, was sie mitgebracht hatte. Ohne in einem therapeutischen Setting gewesen zu sein und ohne die Absicht, etwas anderes als das zu erleben, was Amanda zeigen wollte, entstand so eine Atmosphäre des Angenommenseins. Die Wut, die so schnell an die Oberfläche getreten war, konnte genauso schnell wieder verschwinden, weil sie nicht notwendig war. Ihre Funktion wurde nicht gebraucht. Aufmerksamkeit erfuhr sie auch ohne die Aggression aufrechtzuerhalten, auch wenn sie es zunächst nicht glauben wollte. Zu stabil war dieses Bild des immer gleichen Ablaufs, zu fest die Überzeugung, auf keinen Fall angenommen zu werden. Amanda erzählte mir später während einer Beratungssitzung, die sie einige Wochen lang regelmäßig in Anspruch nahm, dass dieses erste Gespräch ausschlaggebend dafür war, zögerlich, aber doch Schritt für Schritt meine Nähe zu suchen. Schließlich konnte sie sich überwinden, in regelmäßigen Beratungssitzungen über ihre Vergangenheit zu sprechen und vieles aufzuarbeiten, was über Jahre hinweg ungehört und damit auch unverstanden blieb.

Die kurze Episode des ersten Kontaktes zwischen Amanda und mir hatte eine Tür geöffnet, durch die sie langsam hindurchging. Das wäre niemals geschehen, wenn mein Verhalten im Gespräch eine sozialpädagogische oder kommunikative Methode gewesen wäre. Ausschlag gebend war Amandas Überzeugung, dass ich es ehrlich meinte und sie wirklich annehmen konnte, wie sie war. Diese Überzeugung, die sie als Bauchgefühl bezeichnete, hätte sich niemals einstellen können, wenn mein Verhalten unehrlich oder maskiert gewesen wäre. Ein Rest von Misstrauen wäre geblieben, der eine wirkliche Begegnung möglicherweise für lange Zeit verhindert hätte. Sie wäre für immer auf der Hut gewesen – vor dem Kind in mir.

Sicherlich überhören wir als Pädagogen immer wieder einmal die inneren Stimmen der Klienten, die zu uns sprechen, verstehen Worte oder Verhalten falsch, zerstören Kontaktversuche, noch bevor sie richtig beginnen. Als Menschen sind wir nicht unfehlbar und eigene Themen beeinflussen uns ein Leben lang. Eine wichtige Frage bleibt jedoch, warum es trotz guten Willens und redlichem Bemühen häufig nicht gelingt, Menschen wirklich zu hören, zu verstehen was sie uns mitteilen und Raum zu geben für die Stimmen ihrer Seele, die immer auch ein Stück Kinderseele ist.

Unablässig thematisiert die pädagogische Fachwelt sich selbst und ihre Zuständigkeit und zeichnet immer neue Zerrbilder einer Vielschichtigkeit und Komplexität der an sie herangetragenen Aufgaben. Bisweilen vergisst sie dabei die notwendige Grundausrichtung auf den lernenden und sich entwickelnden Menschen hin. Anstelle einer fachlichen Identität, Sinn stiftender Grundüber-

zeugungen und daraus abzuleitender Problemzugangs-
weisen und entsprechender Beziehungsgestaltungen
begegnen uns in der professionalisierten Pädagogik
Handlungsklischees und Trampelpfade mit zweifelhafter
Rechtfertigung. Besonders deutlich tritt dies in den Arbeitsbereichen der Sozialpädagogik zu Tage, die seit ihrer
Existenz in der Identitätskrise steckt.

Ironischerweise dreht sich der Kampf der wissenschaftlichen Sozialpädagogik ebenso wie der Anerkennungskampf der Sozialpädagogen in der Arbeitspraxis
immer um das Gleiche. Es geht darum, in der eigenen
Zuständigkeit für den Dienst am Menschen ernst genommen zu werden. Die sozialpolitischen Auftraggeber
sollen die Sozialpädagogik als unabhängig oder zumindest als gleichberechtigt behandeln, ihren Stellenwert
anerkennen und wertschätzen. Ohne Unterlass wird
darüber geklagt, dass die Vorgaben der Auftraggeber
eine Sozialpädagogik behinderten, die wirklich hilfreich
und entwicklungsfördernd wäre. Das wird kontinuierlich
und in stupider Wiederholung damit begründet, dass der
Sozialstaat die Sozialpädagogik mit der Forderung nach
Entlastung der Gemeinschaft regelrecht geißle. Selbstverständlich ist und bleibt die Entlastung des Sozialstaates ein Ziel der Politik. Sozialpädagogen werden nicht
damit beauftragt, das Beste für das Individuum zu tun
und dabei den Blick auf die gesellschaftliche Integration
zu verweigern. Immer geht es auch darum, Menschen zu
begleiten, um sie beim Herstellen oder Wiedererlangen
einer dauerhaft selbstständigen und zufriedenen Lebens-
führung zu unterstützen. Der politische und unweiger-

lich wirtschaftliche Blick richtet sich zwangsläufig darauf, mithilfe einer zeitweiligen Begleitung durch sozialpädagogische Arbeitsformen den betroffenen Menschen zu helfen, ohne finanzielle oder andere Hilfen des Sozialstaates ihren Alltag und ihr Leben gestalten zu können. Über geeignete Maßnahmen und Wege dorthin wird zu Recht gestritten. Die Zielsetzung aber stimmt mit den persönlichen Zielen der überwältigenden Mehrheit aller Menschen, die Teilnehmer oder Klient sozialpädagogischer Maßnahmen sind, überein: Sie wollen ihre Existenz sichern und so weit es geht zufrieden leben können. Die Ausgestaltung dieser Wege durch Beziehungsgestaltung, durch Arbeitsformen und Methoden liegt nun deutlich in der Zuständigkeit der Pädagogen, die sich nicht hinter konzeptionellen Worthülsen verstecken dürfen und ebenso wenig hinter dem Erfolgsdruck durch Ergebnisüberprüfung seitens der politischen Auftraggeber und Kostenträger.

Eine bittere Ironie liegt in dem immer während Anerkennungskampf der Sozialpädagogik mit ihrem Trauma der Unterdrückung und des zu wenig wahrgenommenen Respekts gegenüber ihrer Identität. Das wehleidige Klagen über mangelnde Anerkennung hat nämlich den gleichen Ursprung wie Amandas Wutausbruch in meinem Büro. So wie das Kind in Amanda nach Gehör gerufen hat, ruft hier ein ganzes Kindervolk nach Anerkennung und Respekt. So wie Amanda gelernt hat, nicht sein zu dürfen, haben auch wir es gelernt und deshalb einen helfenden Beruf ergriffen. Unsere Aufgabe aber muss es sein, das zu erkennen, uns und das Kind in uns zu verstehen, um nicht sein Werkzeug zu sein und seine Erfahrung nicht immer wieder zu bestätigen.

Die Praxis sieht häufig anders aus. Kinderstimmen werden überhört, wenn sie aus Jugendlichen oder Erwachsenen zu uns sprechen. Oder sie werden missverstanden als Unangepasstheit, fehlende Reife, als böser Wille. Teilweise werden sie auch gehört, aber nicht weiter vertieft, da eine solche Arbeit gerne der Psychotherapie zugeschrieben wird. Offenbart sich darin nicht der gleiche mangelnde Respekt, den die sozialpädagogische Fachwelt beklagt? Und provozieren nicht die Klageführer selbst den Fortbestand ihrer Misere so, wie Amanda es immer wieder mit ihren Wutausbrüchen tat?

Wollen wir uns jedoch darauf einlassen, dem Kind zu begegnen, das aus einem Klienten spricht, so ist das einfach und schwierig zugleich. Einfach ist es, weil wir in keine methodisch-fachliche Wundertüte greifen müssen; wir müssen nur loslassen und unvoreingenommen die Gefühle des Klienten zulassen, ohne diese zu bewerten oder verändern zu wollen. Schwierig ist es, weil wir dabei nicht von den kindlichen Impulsen und Wünschen in uns selbst gefangen sein dürfen. Wir würden sonst dem Klienten verweigern, was uns selbst verwährt blieb – gehört zu werden.

In der sozialpädagogischen Praxis ist das leider kein Ausnahmefall, sondern die Regel. Der erklärte Wille reicht nun keinesfalls aus, um eine wahre Begegnung zu ermöglichen. Wenn ich vor Fachkräften der pädagogischen Arbeit zu diesem Thema spreche oder mit Gruppen an dem Thema der Kommunikation und der helfenden Gesprächsführung arbeite, erlebe ich neben vielen interessanten Diskussionen immer wieder zwei besondere Reaktionen. Entweder begegne ich der Behauptung, dass eigentlich die meisten Pädagogen den Kontakt zu ihren Klienten so gestalten, dass eine freie Entfaltung und Entwicklung gefördert würde. Dabei gäbe es auf jeden Fall auch Raum für verborgene und unerfüllt gebliebene Wünsche. Diese Stellungnahme betrachte ich als Symptom der eigenen Befangenheit und Bedürftigkeit. Niemand, der wirklich in der Lage ist, eine solche Beziehung zu seinen Klienten aufzubauen, wäre so ignorant zu behaupten, das wäre der Standard in der pädagogischen Arbeit. Oder aber meine Ausführungen werden als nicht zur pädagogischen Arbeit gehörend bezeichnet und eher der Psychotherapie zugeordnet. Bei diesem Einwand wird meistens darauf verwiesen, dass Pädagogik mit ihren Ansätzen und Methoden nicht so sehr in die Tiefe gehen sollte und dies auch nicht ihre Aufgabe sei. Weder das Gespräch mit Amanda noch die meisten anderen Gelegenheiten des verstehenden Umgangs mit Klienten, denen wir im Kontakt Raum für ihre Gefühle geben, fallen tatsächlich der Zuständigkeit der Psychotherapie zu.

Die Abgrenzung der Arbeitsbereiche von Sozialpädagogik und Psychotherapie ist im Groben gesprochen sehr leicht, da es in der sozialpädagogischen Arbeit nicht um die Behandlung psychischer Erkrankungen geht. In manchen Praxisbereichen sind die Grenzen durchaus fließend, was vielerorts zu interdisziplinären Teams geführt hat, deren Mitglieder aus jeweils eigener Blickrichtung gemeinsam handeln. Schon immer hatte ich den Verdacht, dass dieses Argument tatsächlich einen ganz anderen Hintergrund hat als eine Zuständigkeitsfrage. Psychologie und Psychotherapie werden immer von der Vorstellung des Erkennens seelischer Vorgänge begleitet, während Pädagogik und Sozialpädagogik sich eher mit Verhaltensweisen und deren Veränderungsprozessen zu beschäftigen scheinen.

Es ist meine Überzeugung, dass bereits beim Verweis auf diese Abgrenzung ein Grundproblem zu Tage tritt: die Angst vor der Selbsterkenntnis. So wie die eigene Fachlichkeit nicht dazu dient, mit einem Klienten eines pädagogischen Angebotes in das Innere seiner Seele zu blicken, wird auch die Notwendigkeit geleugnet, sich mit der eigenen auseinander zu setzen. Noch beliebiger wird das Ganze, wenn die Beschäftigung mit der eigenen Seele intellektuell oder wissenschaftlich geschieht, indem Fachliteratur gelesen und ausgewertet wird. So tun es Studenten, die in den Geisteswissenschaften etwas über den Menschen lernen sollen. Mit Theorien und Erklärungsmodellen angehäuft lernen sie, das Verhalten oder gar die Problemlagen anderer Menschen nachzuvollziehen, Lösungskonzepte zu entwickeln. Es ist nicht der Elfenbeinturm der Wissenschaft, der uns den Blick für das Notwendige verstellt, sondern die Angst, uns wirklich ganz auf uns selbst einzulassen, uns selbst zu begegnen. Denn damit werden immer Selbstbilder zerstört, Rituale aufgebrochen und Trampelpfade unweigerlich verlassen. Zur Vermeidung dieses schmerzhaften Prozesses bleibt uns die Maske wissenschaftlicher Arroganz.

Mit dem Kompetenzanspruch des Professionellen können wir uns erheben, um anderen Menschen Hilfe anzubieten.

Nehmen sie diese dankbar an und beschreiten die von uns angebotenen Wege, so tun sie etwas für uns. Sie hören uns zu, sie nehmen uns wahr und vor allem: Sie nehmen uns ernst. Damit erschaffen wir uns nachträglich jene Bezugspersonen, die uns in der Kindheit gefehlt haben. Die mächtigen Erwachsenen konnten wir damals nicht dazu bewegen, uns ganz sein zu lassen, unsere Gefühle unverstellt anzunehmen und uns zu gewähren, ihnen Ausdruck zu verleihen. Die unerfüllte Hoffnung lebt jedoch weiter und verführt eine ganze Berufsgruppe dazu, noch einmal an die elterliche Tür zu klopfen und laut zu schreien. In der gleichen ohnmächtigen Haltung wie damals wird nun versucht, sich bei den Großen und Mächtigen Gehör zu verschaffen. Ausdrucksform ist das Wehklagen gegenüber der Politik und den Auftraggebern und sich wiederholende Unheilsverkündungen eines unaufhaltsamen sozialstaatlichen Untergangs.

Trotz ihres Kampfes hat sich die Gemeinde der Sozialpädagogen seit jeher damit abgefunden, dass die angebliche Misere sich nicht verändern wird. Der Ausweg ist längst gefunden: der Klient. Er wird missbraucht, um die Aufmerksamkeit, den Respekt und die Gefolgschaft zu erhalten, die an anderer Stelle nicht zu erlangen sind. Er wird somit in eine schwache Kinderrolle gezwängt, die es dem Sozialpädagogen gestattet, sein Flehen zu überhören, seine Suche zu ignorieren, seine Probleme zur fehlenden Reife oder zum Unwillen umzudeuten. Der Klient erfüllt die Rolle des Zuhörenden, er gibt Verständnis und Trost und sorgt sich um das Wohlergehen des Pädagogen. Er tut es zu dem Preis, den er seit jeher bezahlt: Er bleibt ein Erfüllender, ein Ungehörter. Dies ist der einfachste und zugleich der häufigste Weg der Begegnung zwischen Pädagoge und Klient. Auf eine beklemmende Art und Weise ist dabei auch ein Stück weit für beide gesorgt. Der Klient erfährt die Bestätigung, in seiner dienenden Rolle gebraucht zu werden. Seine Sorge für andere erlebt er auch in diesem Kontakt intuitiv und gefühlsmäßig als seine ureigene Aufgabe, ohne dass er bewusst darüber nachdenken müsste. Der Pädagoge gewinnt hinzu, denn er hat seinen liebevoll zugewandten Zuhörer gefunden, der um diese Aufgabe nicht weiß, sondern glaubt, selbst derjenige zu sein, dem geholfen werden soll. Beide als Gefangene ihrer selbst vereinbaren unausgesprochen einen Pakt, der auf keiner Seite wirkliche Veränderung fordert und leider auch nicht ermöglicht. Das ist es, was die meisten Pädagogen mit ihren Klienten machen. Sie geben es nicht zu, sie wollen es nicht wahrhaben. So wie Amanda und Herr Göbel sich einig waren, die bestehenden Überzeugungen immer wieder zu bestätigen, so läuft es auch zwischen Klient und Pädagoge. Eine zweifelhafte Einigkeit zum Preis des Stillstandes.

Wenn beide die Beziehung zueinander so konstruieren und das in den meisten Fällen genau so vonstatten geht, ist es dann ein Zustand, der geändert werden sollte? Genügt es nun nicht, die gesellschaftlichen und arbeitsmarktpolitischen Ziele einer Maßnahmeteilnahme zu verfolgen und Klienten in Arbeitsverhältnisse, Wohnungssituationen oder andere Bereiche des sozialen Lebens zu vermitteln? Ist es nicht ausreichend, Schülern das Fachwissen der Schulbücher beizubringen, Kinder, die in Wohngruppen aufwachsen, zu erziehen und zu kontrollieren? Sollten wir uns nicht damit begnügen, auf der Verhaltensebene zu arbeiten und zu trainieren, Klienten ein Methodenrepertoire zur Verfügung zu stellen, damit sie mit bestimmten Bereichen ihres Alltages einen leichteren Umgang finden? Liegt nicht alles darüber Hinausgehende außerhalb der Zuständigkeit und Kompetenz der Pädagogik?

„Des Menschen Wille sei sein Himmelreich" lautet die pragmatischste Rechtfertigung des weiteren Stillstandes und des Ignorierens. Das gegenseitige Sich-Einstellen von Pädagoge und Klient als mündige Personen wird damit zur grundsätzlichen Klausel der Legitimation erhoben. Die Pädagogik selbst war und ist es, die sich auf die Fahnen geschrieben hat, für die Entwicklung des Menschen da zu sein. Lernprozesse werden längst nicht mehr als reine Verhaltensänderungen, Erziehung nicht mehr als wohlmeinende Verhaltensmanipulation verstanden. Ganz einem humanistischen Welt- und Menschenbild folgend steht in allen aktuellen Schriften zu pädagogischen Themen und Projekten der lernende und nach Autonomie strebende Mensch im Vordergrund. Die Lehrpläne deutscher Bildungshäuser werden überladen mit dem Schlagwort des Handlungslernens, die Konzeptionen sozialstaatlicher Maßnahmen für Jugendliche und Erwachsene sind übervoll gespickt mit dem

Begriff des Kompetenzansatzes. Diese Worthülsen im Schauspiel der Fachlichkeit können über die Abgedroschenheit in der tatsächlichen Umsetzung nicht hinwegtäuschen. Dass der Mensch in seiner Entwicklung so weit im Vordergrund steht und dass Individualität und Selbstständigkeit immer stärker betont werden, entstammt nicht einfach einer sozialstaatlichen Diplomatie. Der Drang nach innerer Befreiung ist es, der die Menschen immer wieder Hilfe suchen lässt und uns sagt, dass wir uns um uns kümmern müssen. So wie Amanda Erlösung suchte, tun wir es alle. Sie sehnte sich danach, nicht mehr als wertlos zu gelten, anerkannt zu werden, geliebt zu werden. Nur so konnte es mit der Zeit möglich werden, dass sie anfing, sich selbst wieder zu lieben.

Finden wir eine Umgebung, die Befreiung ermöglicht, so glauben wir es zunächst nicht, weil wir gewöhnt sind, dass es anders kommt. Wir versuchen die bisherigen Erfahrungen zu bestätigen. Diese sind nicht schön, aber wir kennen uns darin aus. Stellt sich nun doch etwas Neues ein und wiederholt sich nicht einfach unsere Erfahrung, so spüren wir immer mehr, dass wir einen Weg der Erlösung gehen. So schnell lassen wir uns nicht mehr davon abbringen, nur müssen wir uns überwinden, damit zu beginnen und zu vertrauen. Wenn die Pädagogik etwas für die Menschen tun will, dann muss sie der Suche nach Befreiung genauso gerecht werden wie dem damit verbundenen Misstrauen und der Angst. Zwangsläufig muss eine diesem Anspruch genügende Beziehungsgestaltung zwischen Pädagoge und Klient aufgebaut werden. Diese aber bietet keinen Platz für den emotionalen

Egoismus des Pädagogen, der sich nur um sein eigenes Wohl kümmert.

Es bleibt unsere Pflicht, das zu tun, was wir vorgeben, nämlich Menschen Entwicklung zu ermöglichen und diese in geeigneter Weise zu begleiten. Dies aber ist unmöglich, wenn unsere eigene Bedürftigkeit die Basis all unserer Bemühungen ist. Das Auflösen der eigenen Befangenheit in der Beziehung zum Klienten ist eine Grundaufgabe jedes Pädagogen, die weder wissenschaftlich noch kraft guten Willens gelöst werden kann. Die praktische Pädagogik mit all ihren Beschäftigten darf es sich nicht erlauben, ihren Stillstand zu zelebrieren, indem sie sich über jede Kritik erhebt. Vielmehr sollte sie erkennen, dass bereits der Impuls des Sich-Erhebens Ausdruck ihres Traumas ist. Die notwendigerweise gebotene Selbstklärung und die durchgängige Supervision der Fachkräfte pädagogischer, vor allem sozialpädagogischer Arbeit müssen zum obligatorischen Teil der Ausbildung und der Arbeit werden, wenn Humanismus und Professionalität keine beliebigen Restgrößen sein sollen.

Bislang unterliegen das Bekennen zu persönlichen Befangenheiten und das Sichtbarmachen ihrer Auswirkungen ebenso der Freiwilligkeit wie der verantwortungsvolle Umgang damit. Das Leugnen und das Abtun der Problematik als überzogene Psychologisierung gilt als ebenso tragfähig und fachlich wie die gezielte Arbeit an sich selbst, um sich von dem Ritualzwang der Befangenheit zu befreien. Unter dem Vorwand der Individualität und Vielfalt gedeiht so eine grenzenlose Beliebigkeit. Diese lässt sich oberflächlich mit der angeblichen Professionalität der pädagogischen Fachkräfte kaschieren. Immerhin wurden sie dafür ausgebildet, mit Menschen zu arbeiten und sozialen Problemlagen zu begegnen. Diplome, Magister und andere Abschlüsse dienen aber vor allem der Legitimation willkürlichen Handelns, das häufig mehr der persönlichen Erfahrungswelt entspringt als einer fachlichen Beurteilung.

Verbindlichkeit

Als ich Marek zum ersten Mal sah, machte er einen freundlichen und aufgeweckten Eindruck, fast schon zu brav für einen Jungen in seinem Alter. Er war siebzehn Jahre alt und sollte eine außerbetriebliche Berufsausbildung machen. Dazu musste ein Ausbildungsvertrag zwischen ihm und dem Bildungsträger, für den ich zu dieser Zeit arbeitete, geschlossen werden und ein Kooperationsbetrieb gefunden werden, der ihm das praktische Arbeiten ermöglichte. Zuvor sollte Marek eine Berufsorientierung durchlaufen und sich über Praktika auf die bevorstehende Ausbildung vorbereiten. Da er von der Berufsberatung der Arbeitsagentur als sozial benachteiligt eingestuft wurde, was einerseits mit seiner Herkunft als Aussiedler, andererseits mit seinem fehlenden Schulabschluss begründet wurde, meldete der zuständige Berater ihn schließlich zu einem Vorstellungstermin bei mir an. Mareks Mutter nahm ebenfalls an dem Erstgespräch teil und wir wurden uns schnell einig über eine Aufnahme in unsere Berufsorientierungsmaßnahme. Hier würde er zunächst seinen Schulabschluss nachholen können, um dann mit der Berufsausbildung zu beginnen. Er kam schnell mit den anderen Jugendlichen seiner Gruppe, die aus etwa zwanzig Teilnehmern bestand, in Kontakt und arbeitete einige Wochen lang fleißig und engagiert.

Eines Tages stand er in meiner Bürotür, die wie meistens offen stand, schaute vor meinem Schreibtisch auf den Boden und sagte: „Herr Simon, ich habe Probleme." Ich deutete mit dem Kopf auf die Sesselgruppe in der Ecke meines Büros und erwiderte: „Setz dich!"

Er nahm in einem Sessel Platz, rutschte dabei ganz nach vorne auf die Kante und beugte den Oberkörper vor, als wolle er sich zusammenrollen und begann zu wippen, wie es bei schwerem Hospitalismus zu beobachten ist. Dabei starrte er auf den Boden vor sich und schien völlig in sich gekehrt, abgeschottet gegen die Außenwelt. Noch während ich die Tür schloss, sagte er leise und schnell: „Ich habe Angst." Ich setzte mich zu ihm und innerhalb weniger Sekunden wurde er deutlich kurzatmig und bewegte den Kopf unruhig hin und her. Mit den Händen griff Marek nach den Lehnen des Sessels und schien immer wieder daran abzurutschen. Seine weiten Jeans und seine weiße Windjacke mit dem übergroßen Basketballlogo, die ihm normalerweise ein sportliches Auftreten garantierten, hingen wie nasse Segel an ihm herab. Ich bemerkte, dass seine Hautfarbe heute viel blasser war als sonst und irgendwie wirkte dieser hoch gewachsene junge Mann viel kleiner, als ich ihn üblicherweise wahrnahm. Marek wiederholte noch einmal: „Ich habe Angst" und schaute mich kurz und flüchtig dabei an.

„Wie lange hält es schon an?", fragte ich, denn es war offensichtlich, dass er sich nicht vor einem Jugendlichen aus seiner Gruppe oder vor der Anfeindung eines anderen Menschen fürchtete. Vor mir saß ein junger Mann, der gerade eine Panikattacke erlebte und ich wurde das Gefühl nicht los, dass er das nur zu gut kannte.

„Keine Ahnung, vielleicht zehn Minuten, ich weiß es nicht." Er schien kaum noch ein- und auszuatmen, obwohl er angab, ein Gefühl des Erstickens zu erleben. Ich hatte damit gerechnet, dass er nun nach Luft ringen würde, was aber nicht der Fall war. Er sagte weiter, er befürchte, sein Herz bliebe stehen und er müsse sterben. Da ich zu jener Zeit keine Erfahrung im Umgang mit Angststörungen in diesem Ausmaß hatte, konnte ich nicht abschätzen, wie die Situation sich entwickeln würde. Mein Wissen hierzu stammte aus Lehrbüchern, sodass ich nicht wusste, ob das Hinzuziehen eines Arztes die richtige Entscheidung gewesen wäre oder bis zu seinem Eintreffen der ganze Spuk bereits vorbei sein würde. Ich teilte ihm also meine Sorge mit und fragte ihn, ob er wisse, wie ich ihm helfen könne. Meine Vermutung hinsichtlich seiner Erfahrung mit diesem Zustand bestätigte sich unmittelbar, indem er mir sagte, er wolle einfach im Sessel sitzen bleiben und warten. Gleichzeitig bat er mich darum, die Tür meines Büros wieder zu öffnen. Ich tat wie er es wünschte und setzte mich wieder zu ihm. Sein Zustand schien sich nicht weiter zu verschlimmern und so warteten wir beide ab, bis es besser wurde. Dabei begann er bereits zu erzählen, wie sich seine Panik anfühlte und welche Erfahrungen er bisher damit gemacht hatte.

Nach wenigen Minuten beruhigte sich Marek und die Angst legte sich. Er blieb noch etwa eine viertel Stunde im Sessel sitzen und ging dann wieder zurück zu seiner Gruppe.

Am darauf folgenden Tag forderte ich ihn zu einem weiteren Gespräch in meinem Büro auf, um zu verstehen, was zuvor geschehen war und was das für unsere weitere Arbeit miteinander bedeuten würde. Bereitwillig berichtete Marek von häufigen Gefühlen der Beklemmung und der Angst, die er vor allem im Gruppenraum bei Anwesenheit der anderen empfand. Sie kam immer plötzlich und veranlasste ihn zum Fliehen aus dem Raum, weil er befürchtete, sonst in Ohnmacht zu fallen, was er unbedingt vor seinen Kameraden vermeiden wollte. Im Verlauf unserer Unterhaltung wurde deutlich, dass hier auch der Grund für sein bisheriges Schulversagen lag. Die umfangreichen Fehlzeiten, die an allen Schulen, die er zuvor besucht hatte, zum Ausschluss geführt hatten, waren weder auf fehlende Reife noch auf den von seiner Mutter im Erstgespräch erwähnten früheren Drogenkonsum zurückzuführen. Alle drei Aspekte waren Ausdrucksformen oder Kompensationsversuche seiner Angst. Da er noch mit niemandem über diese Ängste gesprochen hatte, blieben sie unerkannt und wurden in keiner Form bearbeitet, außer auf seine eigene Art und Weise des Vermeidens, Fliehens und Betäubens.

Marek wusste, dass er sein Problem nicht erneut aufschieben konnte und zeigte sich bereit, daran zu arbeiten. Ich schickte ihn also zu einem Facharzt für Psychiatrie und begann selbst Bücher zu lesen und mit Fachkundigen zu telefonieren. Schließlich begab ich mich selbst zu einer nahe gelegenen psychiatrischen Klinik, um mich über Angsterkrankungen, deren Auswirkungen und über Therapiemöglichkeiten zu informieren. Eine freundliche

Ärztin beantwortete meine Fragen und zeigte mir die Räumlichkeiten für eine ambulante Therapiegruppe von Angsterkrankten, die sich wöchentlich mit ihr trafen. Wir vereinbarten zunächst die Diagnose des Facharztes abzuwarten, bevor eine Einschätzung über Sinn und Zweckmäßigkeit und gegebenenfalls Dauer einer ambulanten Therapie getroffen werden sollte.

Die Diagnose lautete „Agoraphobie mit Panikattacken", eine Kombination zweier Störungsbilder, die, wie ich heute weiß, bei Angsterkrankten recht häufig vorkommt. Die Agoraphobie, die auch Platzangst genannt wird, tritt plötzlich auf weiten offenen Plätzen, aber auch in Menschenmengen auf. Betroffene befürchten, es könnte etwas Peinliches passieren, z. B. das Urinieren in die Kleidung, ein Würge- oder Brechanfall oder wie bei Marek eine Ohnmacht. Für den Fall eines solchen Ereignisses wäre rechtzeitige Flucht aus der Situation notwendig, um sich anderen gegenüber keine Blöße zu geben und sich nicht schämen zu müssen. Eine solche spontane Flucht ist aus einem Klassenraum, einer Gruppe, einem voll besetzten Bus oder inmitten eines Marktplatzes nicht möglich. Die Angst breitet sich bei dieser Vorstellung aus und steigert sich in ein unerträgliches Maß. Im Falle des Auftretens einer solchen Angst war es Marek unmöglich, mit seiner Ausbildungsgruppe in einem Raum zu bleiben. Meist hielt die Angst etwa zehn bis fünfzehn Minuten an und ebbte dann ab und er konnte noch einmal zur Gruppe zurückkehren.

Da er grundsätzlich bereit war, an seinem Problem zu arbeiten, willigte er in eine Therapie ein, entschied sich jedoch für eine ambulante Behandlung bei einem Psychotherapeuten. Die mehrwöchige Wartezeit auf einen freien Therapieplatz nahm er dabei in Kauf, wobei ich das Gefühl hatte, dass die bevorstehende Wartezeit seiner Vermeidungsstrategie entgegenkam. Wie alle Angsterkrankten versuchte er nämlich möglichst, Angst auslösende Situationen von vorneherein zu meiden. In der Vergangenheit hatte das zu Fehlzeiten in der Schule geführt und auch bei uns wurden die Tage, an denen Marek morgens nicht in die Gruppe kam, häufiger. Gleichzeitig wurden die Intervalle zwischen den Angstschüben immer kürzer, bis er schließlich keine Stunde mehr im Kontakt mit seiner Gruppe aushalten konnte. Innerhalb weniger Wochen stand er an dem gleichen Punkt wie zu Beginn jedes Schuljahres, auch diesmal schien sich sein Schicksal zu wiederholen. Seinen Willen zu handeln und an dem Problem zu arbeiten nahm ich ernst, sah aber gleichzeitig seine Unfähigkeit, einen anderen Schritt zu gehen als den der Vermeidung. Ich nahm mir vor, noch einmal mit Marek zu sprechen. Sein Zustand würde ihn durch Fehlzeiten innerhalb kurzer Zeit zum Abbruch der Maßnahmeteilnahme zwingen. Ich hätte ihn spätestens im darauf folgenden Monat entlassen müssen. Sein Problem bliebe dabei ungelöst, seine Vermeidung würde sich auch danach wiederholen und die Angst ihn weiter begleiten.

Als ich ihn morgens vorm Unterricht auf dem Flur sah, teilte ich Marek mit, dass er nachmittags in mein Büro kommen sollte. Wir vereinbarten dreizehn Uhr, er ging zum Unterricht, ich in mein Büro. Irgendetwas war anders. Er wirkte viel entspannter und fröhlicher als in den vergangenen Wochen, schien keine Schwierigkeiten damit zu haben, gleich in den Gruppenraum gehen zu müssen. Kurz dachte ich darüber nach, der Papierberg auf meinem Schreibtisch lenkte mich jedoch schnell ab und ich begann zu arbeiten. Da ich mir vorgenommen hatte, alles Liegengebliebene bis zum Mittag abzuarbeiten, verzichtete ich an diesem Tag auf meine Frühstückspause und arbeitete bei geschlossener Tür, was ich so gut wie nie tat. Irgendwann war ich des Schreibens, Sortierens und Telefonierens müde, ließ meinen Kugelschreiber fallen und drückte mich schwungvoll von meinem Schreibtisch ab. Auf meinem Bürostuhl rollte ich quer durch den Raum und streckte mich dabei, da mir längst der Nacken wehtat. Bürotätigkeiten haben mich stets gelangweilt und waren mir immer eine Last. Heute genoss ich es aber, dass niemand mich gestört hatte. An den meisten Tagen war in meinem Büro Betrieb wie an einer Hotelrezeption, da ich als leitender Pädagoge ein Ansprechpartner mit offen stehender Bürotür war, was gleichzeitig ein Symbol meiner Arbeitshaltung und Beziehungsgestaltung war. Die Überwindung, mich anzusprechen, wollte ich immer möglichst gering halten, für Kollegen und Klienten. Zwar arbeitete ich sehr viel nach Terminen, z.B. bei Beratungen, Teambegleitungen, Supervision und Konfliktmoderation, aber zum Erstgespräch oder zum Vortragen eines Themas oder Problems legte ich immer Wert auf möglichst unmittelbare Kontaktgelegenheit. Da meine Tür fast immer offen stand, wussten meine Kollegen und meine Klienten, dass ich im

Falle einer geschlossenen Tür mit einer Arbeit beschäftigt war, die möglichst störungsfrei verlaufen sollte, sodass viele wieder auf dem Absatz umdrehten und später zu mir kamen. Ein Klopfen an meiner Tür bedeutete umgekehrt genauso, dass etwas Wichtiges vorlag, das meine Anwesenheit oder Entscheidungskompetenz erforderte. Eine unausgesprochene Abmachung zwischen allen Beteiligten, die hervorragend funktionierte.

Zum ersten Mal an diesem Vormittag schaute ich auf die Uhr: Viertel vor Zwölf. Ich war überrascht, die Zeit war verflogen und tatsächlich hatte mich nun fast vier Stunden lang niemand unterbrochen. „Marek!" schoss es mir plötzlich durch den Kopf. Unser Termin war erst in einer knappen Stunde, aber wo war er heute Vormittag? Lange hatte es keinen Tag mehr gegeben, an dem er nicht mindestens einmal vor dem Mittagessen schon mit einer Angstphase von zehn bis fünfzehn Minuten in meinem Büro saß. Sollte er vor der geschlossenen Tür gewesen sein und sich nicht getraut haben einzutreten? Im Falle einer Angstattacke hätte ihn sicherlich eine Kollegin zu mir gebracht, da alle wussten, dass ich mit dem Papierberg auf meinem Schreibtisch kämpfte und deshalb in meinem Büro war. Ich dachte noch einmal daran, wie gelöst er heute morgen war und überlegte, ob er an diesem Tag vielleicht keine Angst hatte. Eine Stunde später sollte meine Frage beantwortet werden, als mir der junge Mann mit der weißen Windjacke frech lachend und völlig gelöst gegenübersaß und mir erzählte, er hätte heute keine Angst gehabt, es gehe ihm gut und das schon seit Tagen. Es war ein Montag. Das Wochenende zuvor war also symptomfrei verlaufen. Glauben konnte ich ihm schon, nachvollziehen konnte ich es nicht.

„Wie kommt es zu diesem plötzlichen Wandel?", fragte ich Marek, während er aus der Seitentasche seiner Windjacke eine kleine bedruckte Schachtel herauskramte. Sofort wurde mir klar, worum es hier ging. Er nahm ein Medikament, das seine Ängste offensichtlich vertrieb.

„Die hat mir mein Arzt verschrieben", sagte er. „Und die wirken echt gut." Ich streckte die Hand nach der Schachtel aus und fragte: „Welcher Arzt?", da ich wissen wollte, ob ein Facharzt oder sein Hausarzt ihm dieses Mittel gegeben hatte. Seine Mutter hatte ein Rezept vom Hausarzt der Familie bekommen. Die Tabletten sollten die Zeit bis zur Aufnahme der ambulanten Therapie erleichtern. Ich notierte den Namen des Medikamentes und unterhielt mich noch einige Minuten mit Marek, um zu erfahren, in welcher Dosierung er die Tabletten einnahm.

Danach vereinbarten wir einen Gesprächstermin für den nächsten Tag, da meine Kenntnisse zu Medikamenten nur sehr begrenzt waren und ich Informationen benötigte. Ich hatte ein ungutes Gefühl, wieder wälzte ich Bücher, wieder telefonierte ich.

Es stellte sich schließlich heraus, dass es sich um ein Medikament aus der Wirkstoffgruppe der Benzodiazepine handelte, die bei Angsterkrankungen häufig verabreicht werden. Diese wirken meist sehr schnell und sehr deutlich. Als bedrohliche Nebenwirkung besitzen sie jedoch ein sehr hohes Abhängigkeitspotenzial, sowohl körperlich als auch psychisch. Angsterkrankte haben im

Verlauf ihrer Erkrankung immer mehr mit der so genannten Erwartungsangst zu tun, fürchten sich also erheblich vor dem Auftreten der eigentlichen Angstattacke. Um es erst gar nicht so weit kommen zu lassen, verführt dieses hoch wirksame Medikament zur Dauereinnahme. Diese psychische Abhängigkeit provoziert dann relativ rasch auch eine körperliche. Daher werden solche Tabletten nur vorsichtig dosiert und von Fachärzten auch nur kleine Packungsgrößen verschrieben. Marek hatte von seinem Hausarzt eine große Packung bekommen und sollte sich wieder melden, wenn diese aufgebraucht wäre. Er gab an, täglich ein bis zwei Tabletten einzunehmen. Inzwischen wusste ich, dass er das nicht über Wochen hinweg tun könnte, ohne davon abhängig zu werden.

Da die ambulante Therapie noch immer auf sich warten ließ, spitzte sich die Problematik nun zu. Bereits nach wenigen Tagen war Marek nicht mehr ausreichend aufnahmefähig, um dem Unterrichts- und Ausbildungsgeschehen zu folgen. Wie berauscht schwebte er tagsüber durch die Ausbildungsräume. Er selbst sagte, es sei wie Fliegen. Ich wusste, er nahm zu viel von dieser wirksamen und zugleich gefährlichen Medizin und war auf dem besten Wege, ein zweites Problem zu erzeugen: Sucht.

Wieder einmal gab es ein Gespräch zwischen Marek und mir, wieder thematisierte ich die Angstzustände und ihre Auswirkungen. Mareks Unfähigkeit, in Unterricht und Ausbildung irgendetwas aufzunehmen und zu verarbeiten, stellte den Sinn einer weiteren Teilnahme an dem Ausbildungsprojekt infrage. Ich erklärte ihm, dass nach Einschätzung aller beteiligten Lehrer und Ausbilder sowie aus meiner eigenen Sicht das Erreichen eines Abschlusses nicht mehr möglich war, wenn sein Zustand sich nicht in absehbarer Zeit ändern würde. Ich machte ihm daher den Vorschlag einer stationären Therapie. Es gab entsprechende Angebote einer Kurklinik, etwa fünfzig Kilometer von seinem Wohnort entfernt. Patienten mit seiner Diagnose wurden dort für die Dauer von vier bis acht Wochen stationär aufgenommen, der Therapieerfolg war beachtlich. Schon früher hatte ich mit seiner Mutter und ihm über diese Möglichkeit gesprochen, er lehnte es jedoch bislang ab. Zwingen wollte ich ihn nicht, für den Verbleib im Projekt musste ich jedoch handeln. Er lehnte auch diesmal ab und behauptete, er könnte auch ohne Tabletten auskommen, wenn er es nur wollte.

„Ich mache dir einen Vorschlag", sagte ich und zog dabei die Schublade meines Schreibtisches auf, die ich vom Sessel meiner Sitzecke leicht erreichen konnte. „Du legst deine Tabletten hier hinein und versuchst ohne sie auszukommen. Wenn deine Angst wieder zu stark wird, kommst du zu mir und ich gebe dir eine. Wir beobachten beide, ob das funktioniert. Geht es und es gelingt dir gleichzeitig zu lernen, ist alles in Ordnung. Geht es nicht, musst du entweder eine stationäre Therapie machen oder die Maßnahme verlassen."

Marek wippte mit einem Bein, indem er in schneller Folge mit der Ferse auf den Boden klopfte, und schaute zögerlich grinsend auf den Boden. Er dachte nach und sah dabei aus, als hätte ich ihm eine Wette angeboten und er müsse noch überlegen, ob er sich der Herausforderung gewachsen fühlte.

„Wenn ich zur Therapie gehe, dann dauert das mindestens vier Wochen. Die Prüfung schaffe ich dann wohl nicht mehr. Sicher fliege ich raus, wenn die Therapie losgeht“, erwiderte Marek mit hoch gezogenen Augenbrauen.

„Wenn es ohne Tabletten nicht geht, ist dein Beitrag die Therapie und mein Beitrag die Zusicherung, dass du wieder in die Gruppe zurückkehren darfst.“ Wir sprachen weiter darüber, dass der Erfolg der Therapie keine Bedingung für diese Rückkehr war. Er allein dürfe entscheiden, ob er im Falle weiterhin bestehender Ängste zurückkehre oder etwas anderes unternehmen wolle. Es war mir klar, dass sowohl im Falle einer erfolglosen Therapie als auch bei einer deutlichen Besserung seines Zustandes der Erfolg der Prüfung gefährdet war. Dieses Risiko war ich gerne bereit einzugehen, obwohl es nicht leicht wäre, zu begründen, wieso ich einen dauerhaft Angsterkrankten nach erfolgloser Therapie wieder in die Gruppe aufnehmen wollte. Entscheidend dafür, Marek ein solches Angebot unterbreiten zu können, war die Tatsache, dass ich auch formell dazu berechtigt war. Es wäre sträflich gewesen, etwas in Aussicht zu stellen, das ich möglicherweise nicht einhalten könnte. Marek überlegte eine Weile und willigte ein.

Seine Ängste kamen sehr schnell zurück und waren noch dramatischer als vorher. Wir beide wussten bereits bei unserer Abmachung, dass es so passieren würde. Schließlich bestellte ich seine Mutter zu einem Gespräch zu dritt und wir erörterten die Lage des Problems. Die Vorstellung einer stationären Therapie war für Marek eine ebenfalls Angst besetzte Situation, die ihn immer unruhig werden ließ, wenn wir darüber sprachen. Dennoch schien er bereit zu sein, sich für einige Wochen in die Kurklinik zu begeben. Unsere Abmachung war eindeutig: Marek musste bleiben, bis der behandelnde Therapeut ihn wieder entließ. Das konnte nach vier bis acht Wochen der Fall sein. Danach konnte er zurückkommen, im günstigsten Falle mit einer deutlichen Besserung seiner Symptome.

Marek begab sich in die Klinik und ich stellte den Fall noch einmal im wöchentlichen pädagogischen Team vor, was ich bereits einige Male getan hatte. Als ich alle auf den neuesten Stand der Entwicklung gebracht hatte und sagte, dass ich gespannt auf Mareks ersten Anruf aus der Klinik wartete, fragte mich eine Kollegin leise: „Hättest du ihn wirklich entlassen, wenn er nicht zur Therapie gegangen wäre?“ Es wurde still in unserer Runde und nach einigen Sekunden antwortete ich: „Ja. Ich hätte ihn weggeschickt ...“ „Der arme Kerl“, sagte sie weiter. „Wer hilft ihm denn dann noch ...?“ Ich dachte darüber nach, ließ die Frage aber unbeantwortet.

Einige Tage später ging mein Telefon und Marek war am anderen Ende. Er hörte sich fröhlich und gelöst an und sprach von der Therapie und davon, dass er sich richtig entschieden hätte. Und jede Woche rief er nun ein- oder zweimal an und erzählte von den Höhen und Tiefen seiner Therapie. Mit seinen Anrufen wollte er sich sicherlich auch noch einmal versichern, dass unsere Abmachung galt, und dafür sorgen, dass der Abstand zwischen uns nicht zu groß wurde. Es waren bereits vier Wochen seit Beginn der Therapie vergangen, als eine Kollegin auf dem Flur auf mich zukam und mit gedrückter Stimme sagte: „In deinem Büro wartet jemand auf dich."

Ich ging weiter zu meinem Büro und trat durch die offen stehende Tür ein. In der Ecke mit den Sesseln hatten Marek und seine Mutter bereits Platz genommen. Schwungvoll warf ich die Tür zu.

„Marek!", rief ich erfreut und ging schnell auf beide zu. „Ich freue mich, dich zu sehen. Wie geht es dir?", sagte ich laut mit einem Lachen im Gesicht, ich verkannte jedoch die Situation.

„Ach, Herr Simon!", seufzte seine Mutter und blickte dabei sorgenvoll zu ihrem Sohn. Es war ein Montagvormittag und ich hatte angenommen, er käme heute zur Gruppe zurück. Seine gute Laune beim letzten Telefonat und die Ankündigung seiner baldigen Entlassung aus der Klinik hatten mich dazu verleitet zu glauben, es wäre heute bereits so weit.

Ich erfuhr schließlich, dass er das Wochenende zuhause verbringen durfte und nun nicht mehr zurück in die Klinik gehen wollte. Seine Therapie sollte weitere zwei bis vier Wochen dauern. Er hatte sich so auf die Entlassung gefreut und damit eine große Hoffnung verbunden. Nun hatte er das Gefühl, wieder am Anfang zu stehen und nur Zeit verloren zu haben. Mareks Mutter wusste, dass er unter diesen Umständen nicht zu uns zurückkehren konnte, nachdem ich aber die Situation erfasst hatte, war mir klar, dass das auch nicht ihr Ansinnen war. Sie wusste um die Bedeutung der Therapie für die weitere Entwicklung ihres Sohnes und hätte ihn am liebsten zwangsweise in die Klinik verfrachtet, brachte es aber nicht übers Herz, ihrem Jungen damit wehzutun. Ihren Besuch bei mir verstand ich nun schnell als Hilfeersuchen, um Marek zum Fortsetzen der Therapie zu bewegen.

Ich unterhielt mich einige Minuten mit ihm, um dem Druck seiner Empfindungen und seines inneren Kampfes ein Ventil zu geben. Nachdem er sich etwas beruhigt hatte, was nur möglich war, weil er seiner Enttäuschung und seinem fehlenden Willen zur Therapiefortsetzung Ausdruck verleihen durfte, ohne dafür kritisiert zu werden, begann seine Mutter mit ihm zu reden. Er solle wieder in die Klinik gehen und noch ein bisschen aushalten. Bestimmt würde alles besser. So redete sie einige Minuten auf ihn ein, er reagierte nicht.

„Marek, ich bin nun im Dilemma", stieg ich erneut ins Gespräch ein. „Einerseits weiß ich, dass du deine Enttäuschung und deine Angst im Gespräch hier nicht so leicht wegbekommst. Andererseits musst du eine Entscheidung fällen, auch wenn du jetzt noch sehr aufgeregt bist. Verschieben können wir diese nicht, denn du musst entweder heute noch in die Klinik oder unsere Gruppe verlassen."

„Ich weiß", sagte er leise und schaute mit flehendem Blick zu mir hinüber. Er beteuerte, sich zusammenzureißen und seine Angst in den Griff zu bekommen. Er versuchte mir und vor allem sich selbst einzureden, dass seine Willenskraft die Ängste dominieren könnte.

„Deine Mutter hast du bereits überredet", wandte ich mich wieder an ihn. „Sie hat Mitleid und erlaubt dir deswegen, zuhause zu bleiben. Ich spüre deine Angst und Unruhe, es fällt dir schwer, wieder in die Klinik zu gehen, du befürchtest, es wird sich nie ändern und die Angst bliebe für immer."

„Was mache ich denn, wenn die Angst noch schlimmer wird? Ich will nicht mehr", antwortete er, wobei sein Tonfall eher etwas Fragendes als eine klare Entscheidung mitschwingen ließ. Es ging aber nicht um die Frage, was mit seiner Angst passieren würde, sondern um die Frage, ob ich nicht mit einem vorzeitigen Ende der Therapie einverstanden wäre.

„Ich kann dir nicht garantieren, dass es besser wird. Wir haben eine Abmachung und die einzuhalten, kann ich dir auf jeden Fall garantieren. Wir beide haben vereinbart, uns daran zu halten. Du kannst zur Gruppe zurückkommen, vorher muss der behandelnde Therapeut die Therapie aber beenden."

Marek versuchte noch einige Argumente zu finden, die mich überzeugen könnten, es ging ihm jedoch eher darum, seinen Gefühlen noch etwas mehr Ausdruck zu verleihen. Er wusste, dass der Therapieabbruch auch das Ende seiner Gruppenteilnahme bedeuten würde. Schließlich entschied er sich, in die Klinik zu fahren und seine Behandlung fortzusetzen. Eine Entscheidung, die nicht wirklich als freiwillig gelten kann, das war mir klar. Die Teilnahme an unserem Gruppenprojekt, die Hoffnung auf einen Schulabschluss und eine Berufsausbildung waren die Anreize zu seiner Entscheidung oder genauer gesagt, mein Entschluss, ihm diese Möglichkeiten wegzunehmen, wenn er seinen Teil der Abmachung nicht erfüllen sollte. Mareks Mutter war erleichtert, als beide mein Büro verließen und ich zu ihr sagte: „Es war gut, dass Sie zu mir gekommen sind. Er weiß jetzt noch einmal, dass ich die Vereinbarung nicht aufhebe. Fahren Sie ihn jetzt bitte in die Klinik und kommen Sie erst wieder mit ihm zu mir, wenn der Arzt ihn entlassen hat.“

Sie hatte versucht, ihn zur weiteren Therapie zu überreden, schaffte es als seine Mutter jedoch nicht, konsequent und streng zu sein. Diesen Teil hatte ich im Gespräch übernommen. Sie war erleichtert, dass Marek sich nun doch für die Therapie entschied, und ging mit ihm zusammen fort. Er schaute mich nicht an, als er nach draußen ging. Auch dieser Vorfall sorgte für Diskussionen, auch diesmal wurde ich wieder gefragt, ob ich ihn wirklich entlassen hätte, wenn er nicht in die Klinik zurückgegangen wäre und wieder war meine Antwort eindeutig: Ja!

Zwei Wochen später stand der junge Mann fröhlich lachend mit seinen Entlassungsunterlagen in der Hand wieder in meiner Tür. Seine Therapie war beendet, eine ambulante Weiterbehandlung schloss sich an und Marek machte Überstunden, um das Versäumte nachzuholen. Er erzählte in regelmäßigen Gesprächen in meinem Büro von seinem Klinikaufenthalt und seiner derzeitigen Situation, von seiner Art, mit aufkommenden Ängsten umzugehen und seinen Plänen für die Zukunft. Über das

Gespräch zwischen ihm, seiner Mutter und mir an jenem Montag haben wir nie mehr gesprochen. Es gab keinen Anlass dazu.

Mareks Fallgeschichte hatte in unserer Einrichtung, vor allem unter den Pädagogen, einiges Aufsehen erregt und in mancher Sitzung des wöchentlichen pädagogischen Teams hitzige Debatten entfacht. Einerseits waren es die Beobachtungen der sich steigernden Angstzustände und die Tatsache, dass Marek bei einer Attacke auch andere Büros ansteuerte, wenn ich nicht zu finden war, die dazu führten. Andererseits war es meine spezielle Umgangsform mit den Angstanfällen und der Gesamtthematik von Mareks Problemen. Da ich zur gleichen Zeit eine weitere Klientin in einem anderen Projekt begleitete, die ebenfalls mit einer Agoraphobie zu tun hatte, entstand bei mir schnell eine Routine im Umgang mit diesen teilweise in der Beobachtung dramatisch wirkenden Zuständen. So kam es einige Male vor, dass eine der Kolleginnen meinen Raum betrat, während Marek kurzatmig und wippend, immer mit den Händen erfolglos nach der Sessellehne greifend in meinem Büro saß. Der immer wieder sorgenvollen Mine und dem Nachfragen, ob nicht ein Arzt erforderlich wäre, begegnete ich dann mit beruhigender Stimme, indem ich einfach sagte: „Es geht ihm gleich besser."

Mit Mareks Einverständnis unterrichtete ich die Kollegen im Hause über seine Agoraphobie und wie sie in Erscheinung trat. Es hätte sonst zu Missverständnissen und Folgeproblemen kommen können, wenn beispielsweise ein Ausbilder ihn hätte aufhalten wollen, wenn er den Raum verlassen wollte. Im Rahmen der wöchentlichen Fallbesprechungen des pädagogischen Teams hielt ich die Kolleginnen auf dem Laufenden, was die Arbeit mit Marek betraf. Mein Ansatz, ihm eine Therapie zur Auflage zu machen und die Rückkehr in die Maßnahme zu ermöglichen, stieß auf unterschiedliche Reaktionen, die mich teilweise nachdenklich stimmten, weil ich versuchte sie zu verstehen.

Bemerkenswerterweise waren sich alle in einem Punkt einig: Ein Klient mit Agoraphobie passte nicht hierher. Er würde seine Prüfung niemals bestehen und müsste daher eigentlich die Maßnahme verlassen. Diese Einschätzung konnte ich ohne Weiteres anhören, ohne mich dadurch zu irgendetwas aufgefordert oder veranlasst zu fühlen, letztlich blieb es in meiner Verantwortung, wie ich die Arbeit mit Marek gestalten würde. Störend war das für Sozialpädagogen schon fast routinemäßig nachgeschobene „Aber". Wie ich es häufig erlebe, wurde auch in diesem Fall mit einem Nachsatz jede aus einer vorher getroffenen Einschätzung abzuleitende Entscheidung und Handlung aufgehoben, indem von den gleichen Wortführern in einem Atemzug Einwand erhoben wurde. Im Falle einer Entlassung fiele Marek möglicherweise in ein Loch, gab man mir zu bedenken, gemeint war die Sorge um die Verschlimmerung seines Zustandes, was dann derjenige zu verantworten hätte, der mit der Entlassung diese Verschlimmerung provoziert hätte. „Eigentlich müsstest du ..., aber kannst du wirklich verantworten, dass ... ?"

Jahrelang habe ich mich gefragt, was dieses immer wieder zu beobachtende Pendeln zwischen zwei Entscheidungen verursacht oder genauer gesagt, was das ständige Aufheben von unbequemen Entscheidungen in der pädagogischen Arbeit bewirkt. Die Reaktion auf Mareks Geschichte ist nur ein Beispiel von unzähligen, jeden Tag in der sozialen Arbeit vorkommenden Entscheidungsunfähigkeiten, die immer nach dem gleichen Prinzip verlaufen. Eine Entscheidung wird als zweckmäßig und sachdienlich, mitunter als einfach richtig eingeschätzt. Auf die Umsetzung wird jedoch verzichtet oder sie wird irgendwie abgemildert, aufgeschoben. Wenn es sich einrichten lässt, wird die Entscheidung vielleicht an andere übertragen oder mit mehreren die Verantwortung geteilt, die sich gegenseitig trösten und von der empfundenen Schuld freisprechen können. Meine erste Antwort auf die Frage, worum es bei der mangelnden Entschlusskraft und dem fehlenden Mut eigentlich geht, glaubte ich vor Jahren in dem mitleidigen Helfen-Wollen zu finden, das vor allem bei Sozialpädagogen typisch zu sein schien. Diese Antwort stellte sich im Verlauf meiner Auseinandersetzung mit der pädagogischen Arbeit als falsch heraus.

Die Begriffe des „Helfersyndroms" und des „hilflosen Helfers" machen nicht nur bei Studenten und erfahrenen Praktikern sozialer Arbeit, sondern auch im gesellschaftlichen Alltag stets die Runde. Es scheint schon zum Allgemeinwissen zu gehören, dass alle Angehörigen sozialer oder helfender Berufe an einem unheilbaren Helfersyndrom leiden. Den Drang zu helfen bewerte ich dabei nicht als grundsätzlich problematisch. Gäbe es ihn nicht, wäre der Zulauf in helfende und fürsorgende Berufe nicht so stark, wäre möglicherweise sogar ein Sozialstaat nie entstanden. Dass das überstarke Helfen-Wollen seinen Ursprung in unserer eigenen Lebensgeschichte findet, streitet kaum jemand wirklich ab, wie es sich auf die Arbeit auswirkt, wird allerdings sehr verschieden beurteilt. Der Helferdrang alleine kann freilich nicht verantwortlich gemacht werden für das permanente Aufweichen von Entscheidungen und für das oft zögerliche Handeln im Umgang mit Klienten. Tatsächlich gibt es viele Entscheidungen, die sehr schwer fallen. Kleine Nuancen können in der Arbeit mit Menschen oft immense Auswirkungen haben, weshalb Sorgfalt und Verantwortungsbewusstsein von zentraler Bedeutung sind. Was mich all die Jahre nachdenklich gemacht hat, waren aber weniger die schwierigen Entscheidungsprozesse, sondern vielmehr die Frage nach dem Zögern in der Umsetzung von Überzeugungen und innerlich klar getroffenen Einschätzungen. Immer wieder wird hierbei eine Sorge um das Wohlergehen des Klienten vorgetragen, die Befürchtung, er könnte unter einer Entscheidung oder Veränderung leiden, sein Problem könnte sich vergrößern durch einen als richtig empfundenen Handlungsansatz.

Meine zweite Antwort auf diese Handlungsunfähigkeit bestand daher in der Annahme, dass das Risiko des Irrtums das Zögern und Zweifeln verursache. Immerhin lassen sich menschliche Verhaltensweisen und Entwicklungen nur sehr schwer voraussagen. Kaum eine fachliche Argumentationskette für eine Entscheidung oder Handlung könnte nicht ebenso deutlich von einer alternativen kritisiert werden. Es werden immer mehrere Möglichkeiten des Handelns fachlich nachvollziehbar als gerechtfertigt und angebracht beurteilt werden können. Die Folgen unserer Arbeit können jedoch im Einzelfall Anlass zu berechtigter Kritik geben bis hin zu dem unumstößlichen Urteil, dass unsere Handlungen unzweckmäßig, zerstörend oder schlichtweg falsch waren. Damit stehen unsere Fachlichkeit und unsere Erfahrung auf dem Prüfstand, Entscheidungen sind also auch mit Risiken verbunden, vor allem mit dem Risiko des Scheiterns und der Offenlegung. Im Falle einer Fehlentscheidung wird jedoch nur in den seltensten Fällen jemand dafür zur Rechenschaft gezogen. Erfolge im Sinne eines Entwicklungsfortschrittes einer Person, der Beseitigung einer Erkrankung oder eines problematischen Verhaltenmusters, einer sicheren Vermittlung in den Arbeitsmarkt, das Erreichen eines Abschlusses oder anderer Zielerreichungen können nicht wirklich versprochen werden. Entsprechend sind beim Scheitern Konsequenzen rechtlicher Art für Pädagogen auch nur in den wenigen Fällen möglich, in denen das Wohl eines Klienten eine grob fahrlässige oder vorsätzliche Schädigung erfahren hat. Auf meine Rückfrage, was das Schlimme an einem Scheitern sei, höre ich seit Jahren die mit Ausnahmen immer wieder stupide vorgetragene Sorge um das Wohl des Klienten und die mögliche Verschlechterung seines angeschlagenen Zustandes. Meine zweite Antwort scheint mir dafür nicht ausreichend, da es den meisten Pädagogen relativ leicht fällt, einen Stillstand oder eine Veschlimmerung der Situation auszuhalten, wenn sie nur das Gefühl haben, alles ihnen Mögliche getan zu haben. Es geht also nicht wirklich um den Klienten.

Die Begründung für die Entscheidungsunfähigkeit und das zögerliche Handeln vieler Pädagogen ist einfacher und existenzieller als meine früheren Antworten es fassen konnten: Sie befürchten die Zuneigung des Klienten zu verlieren. Und das ist ein viel schlimmeres Urteil als die Diskussion über fachliche Mängel. Die heimlich zugeschriebene Aufgabe des Klienten ist das Zuhören, das Respekterbringen, die von den Eltern früher und von den Mächtigen der Gegenwart vorenthaltene Bedürfnisbefriedigung des Pädagogen. Die scheinbare Feigheit vor Konfrontationen, die bei unzähligen Praktikern der Erziehungs- und Bildungsarbeit zu beobachten ist, hat nichts mit einer mangelnden Problemlösungsfähigkeit oder einer charakterlich bedingten Ängstlichkeit zu tun. Die Angst vor dem erneuten und sich ständig wiederholenden Liebesentzug ist der Motor des Stillstandes. Solange wir vom Klienten als Heilsbringer gesehen werden, ist uns seine Zuneigung gewiss, auch wenn er nicht davon profitiert. Er wird es nicht uns anlasten, sondern den Umständen. Er wird uns trösten, indem er uns sagt, dass er um unseren guten Willen und unsere redlichen Versuche weiß. Wenn wir ihn missbrauchen, indem wir diese Anerkennung von ihm erwarten und ihn weiterhin in seiner erfüllenden Rolle belassen, damit er unseren Willen erfüllt, wird er das meistens nicht bemerken. Er wird sich am Ende einer Maßnahme von uns verabschieden und das Bild eines Pädagogen mitnehmen, der es gut gemeint hat, die Welt aber auch nicht alleine verändern kann. In seinem tiefen Innern wird er spüren, dass es sein Lebensschicksal ist, nur für andere da zu sein und niemals wirklich gehört zu werden. In seiner Not wird er sich auf die verzweifelte Suche nach einem Menschen begeben, der ihm vielleicht doch eines Tages gibt, was ihm bislang so oft verwährt blieb.

Sein Pädagoge hatte mehr Glück und hat bereits einen Weg der scheinbaren Erlösung gefunden: die Arbeit mit dem Klienten.

Eine ehrliche Pädagogik, die das versucht zu tun, was sie vorgibt, muss es als Selbstverpflichtung sehen, dieser Falle zu entgehen. Sie darf es weder leugnen noch dulden, dass ihre Akteure Gefangene ihrer eigenen Geschichte und ihrer eigenen Bedürfnisse bleiben und den Klienten dazu missbrauchen, das eigene Leiden erträglicher zu machen.

Die Psychotherapie hat die Befangenheit ihrer Therapeuten seit jeher akzeptiert und etwas daraus gemacht. Alle etablierten Therapieansätze betonen die Notwendigkeit der fundierten Selbstklärung, die überdies nicht einmalig sein darf, sondern als lebenslanger Prozess weitergehen muss. Bei allen berechtigten Abgrenzungen zwischen Therapie und Pädagogik ist es nicht einzusehen, wieso die Befangenheit eines Therapeuten sich dramatischer oder zerstörender auswirken sollte als die eines Erziehers oder Sozialpädagogen. Pädagogen aller Zuständigkeitsbereiche schieben diese Problematik einzig der Psychotherapie zu, sofern sie überhaupt solche Zusammenhänge im Kontakt mit Klienten sehen können oder sehen wollen.

Arbeit mit Menschen ist immer Beziehungsarbeit. In pädagogischen Handlungsfeldern wird oft in intensiven Beziehungskontakt getreten, zudem mit dem Anspruch, die Entwicklung eines Menschen zu mehr Selbstbestimmtheit und Entscheidungsfähigkeit sowie die Handlungskompetenz zu fördern. Dazu müssen diese Menschen, die unsere Klienten sind, eingetretene Pfade verlassen, sich auf Neues einlassen, experimentieren und auswerten. Sie erleben Verarbeitungsprozesse und sollen sich im günstigsten Falle wohl fühlen bei der veränderten Gestaltung verschiedener Lebensbereiche. Wie könnten Veränderungen, die für die aktuelle und zukünftige Lebensgestaltung einer Person von Bedeutung sind, ohne emotionale Bewertungen vonstatten gehen? Veränderungen in unserem Handeln und Denken, einerlei ob wir diese als Fortschritt oder als etwas anderes bewerten, stellen immer auch unser Selbstkonzept und damit unsere Identität infrage. Unser Selbstbild wandelt sich im Zuge all unserer Lern- und Entwicklungsprozesse ständig, nimmt neue Züge an, stellt uns vor die Herausforderung, das Neue mit unseren bisherigen Erfahrungen abzustimmen, uns darin wieder zu finden. Kritische Lebensereignisse müssen bewältigt werden: Trennungen, Ehescheidungen, Arbeitslosigkeit, finanzieller Ruin, Krankheiten, Unfälle, Todesereignisse, Kriegserlebnisse, Erdbeben und Tsunamis – endlos ließe sich die Aufzählung fortsetzen. Für nahezu alle vorstellbaren kritischen

Lebensereignisse gibt es Anlaufstellen der Pädagogik, solche, die freiwillig aufgesucht werden können, und solche, die zwangsweise ertragen werden müssen. Sie alle erheben den Anspruch, bei einer praktischen Bearbeitung zu helfen, also Handlungsmöglichkeiten zu eröffnen.

Wie können wir unterstellen, dass dies ohne Beteiligung unserer Seele geleistet werden könnte? Zwar wird kein Pädagoge diese Behauptung wagen, das Beschränken auf das praktische Einüben von Verhalten in einem sozialarbeiterischen Schau-zu-mach-mit, das uns täglich von pädagogischen Fachkräften vorgeführt wird, gründet jedoch auf dieser Vorstellung. Alles darüber hinaus Gehende wird der Psychotherapie überlassen oder genauer gesagt, es wird ihr zugeschrieben. Zum Schutz vor der Selbsterkenntnis trifft sich die pädagogische Gemeinde in der Einigkeit darüber, das die Befangenheit der eigenen Seele sich nur dann auswirken kann, wenn absichtlich und gezielt an oder für Seelen gearbeitet wird. Notfalls wird die Befangenheit des Pädagogen zur Richtlinie und zum Wegweiser für Klienten erklärt und Erfahrung genannt. In Weiterbildungsgruppen und im Kollegenkreis begegnet mir seit Jahren bei der Diskussion der Befangenheit und ihrer Auswirkungen sowie bei meinen Ausführungen zur missbrauchenden Beziehung zwischen Pädagoge und Klient, wie ich sie in diesem Buch beschreibe, die gleiche Frage. Da ich stets meine Beobachtungen und meine Art des Verstehens schildere und keine methodischen Vorschläge zur Überwindung der Befangenheit gebe, wird früher oder später die Frage an mich gerichtet, welche Forderungen ich an die Ausbildung der Pädagogen aus alledem ableite. Meine Antwort ruft manchmal Enttäuschung hervor, da ich keine spezielle methodische Forderung daraus entwickle. Es entspricht meiner Grundüberzeugung, dass keine Arbeitsweise der Welt irgendetwas an unserer Befangenheit ändern kann. Es ist eine Sache der Überzeugung, der Einstellung und der persönlichen Entwicklung, um die es hier geht. Unsere Grundhaltung leitet unsere Beziehungsgestaltung und diese darf nicht von der Befangenheit unserer unerfüllten Bedürfnisse getragen sein.

Eine Erzieherin, die einen meiner Workshops besuchte, fragte mich einmal nachdenklich: „Bräuchten wir nicht alle eine Therapie, um weniger befangen zu sein? Oder vielleicht Supervision? Was glaubst du benötigen wir?" Etwas verändert stellte ich diese Frage einmal zwei jungen Kolleginnen, die während ihrer ersten Arbeitstage bei einem Bildungsträger zu einem Einarbeitungsgespräch in meinem Büro saßen. Beide hatten mir ausführlich von ihren Ideen und Plänen berichtet und schienen überzufließen vor Initiativen in der Arbeit mit ihren Jugendgruppen. In ihrem Eifer wollten es beide wohl besonders gut machen und planten bereits Weiterbildungen, um besonders gute Pädagoginnen zu sein. Sie fragten mich schließlich, welche Seminare ich empfehlen könnte.

„Ihr legt großen Wert auf meinen Respekt", sagte ich und wusste, dass sie mir ein Stück weit nacheifern wollten, aber vor allem das Bedürfnis nach Zuwendung und Anerkennung eines Vorgesetzten auslebten. Das konnte ich Ihnen nicht übel nehmen, es kam auch nicht unerwartet. Meine Anforderung an Pädagogen lautet nicht, eigene Bedürfnisse zu verdrängen, sie lautet, diese nicht in der Beziehung zum Klienten in den Vordergrund zu rücken und ihn dabei zu missbrauchen.

„Entscheidet selbst“, sagte ich weiter und auf die Rückfrage, was denn meiner Ansicht nach für den Arbeitsbereich mit Jugendlichen das Wichtigste sei, stellte ich ihnen eine Aufgabe, die sie wochenlang beschäftigen sollte.

„Angenommen zwei Pädagogen hätten die gleiche Ausbildung, die gleichen Fähigkeiten, den gleichen Erfahrungsschatz, keiner von beiden könnte auf ein Handlungsrepertoire, einen Gedanken oder ein Gefühl zurückgreifen, die der andere nicht auch verfügbar hätte. Nehmen wir weiter an, bei dem einen erfahren die Klienten Selbsterkenntnis, Entwicklung und Fortschritt und die Klienten des anderen behalten das Gefühl, dass etwas nicht stimmt, dass sie ständig auf der Stelle treten und der Pädagoge nicht viel helfen kann. Bezeichnen wir den ersten einmal als guten Pädagogen und den zweiten als mittelmäßigen. Was hat nun der Gute, das dem Mittelmäßigen fehlt?“

Beide Kolleginnen schauten einander verschämt lächelnd an und versuchten sofort einige Antworten zu geben. Sie entwickelten spontan einen Kampfgeist, indem jede versuchte, als Erste die richtige Lösung zu finden. Vielleicht konnte der eine Pädagoge seine Erfahrungen besser nutzen oder er interpretierte sie anders. Möglicherweise hatte einer mehr Weitblick, war intelligenter, hatte gar die weniger komplizierte Klientel. Vieles wurde mir angeboten, aber beide mussten mein Büro mit der ungelösten Frage verlassen. Wochenlang sprachen mich beide auf dem Flur, in der Cafeteria und in Teamsitzungen wieder auf das Rätsel an und boten mir immer neue, immer skurrilere Lösungen an. Sie fragten ihre Verwandten und natürlich alle Kollegen im Hause, was sie antworten würden.

Ich fand es sehr amüsant zu erleben, wie eifrig die vermeintlichen Lösungen jeweils diskutiert werden konnten, besonders aber fiel mir auf, dass die Antwortversuche immer mehr auf eine bestimmte Überzeugung hinausliefen: Der gute Pädagoge musste irgendetwas können, das der andere nicht im Stande war zu leisten. Alle, die miträtselten, waren sich sicher, es würde eine unauffällige Nuance sein, eine scheinbare Kleinigkeit, die sich groß auswirken würde. Und alle waren sich sicher, dass die Antwort so banal und selbstverständlich sein würde, dass sie eigentlich jeder schon wusste. Jeder Einzelne dachte, es müsste sich um eine Fähigkeit handeln, die den guten vom mittelmäßigen Pädagogen unterscheidet, keiner kam auf die Idee, dass es eine Eigenschaft sein könnte, nach der zu suchen war.

„Wahrscheinlich denken wir zu kompliziert. Meine Großmutter sagt schon immer: ‚Kind, du denkst zu sachlich‘.“ Mit diesen Worten wandte sich die jüngere der beiden Kolleginnen nach vielen Tagen des Rätselns an mich und schien ziemlich unglücklich, dass sie es nicht lösen konnten. Ich wusste, dass es nicht die Tatsache war, keine Antwort zu finden, die sie so frustrierte, sondern die noch immer unerfüllte Hoffnung, durch eine passende Lösung besonders von mir respektiert oder gelobt zu werden.

„Vielleicht solltest du aufhören nachzudenken“, erwiderte ich. „Frag deine Großmutter, sie kennt die richtige Antwort.“

Wieder vergingen einige Tage, bis die Kollegin mich in meinem Büro aufsuchte und schüchtern und ungläubig fragte: „Ist es Mut?“ Ihr Blick schien die Aufforderung zu enthalten, diese Antwort auf jeden Fall abzulehnen, sie machte den Eindruck, als wollte sie sagen: „Lass es nur das nicht sein!“

„Deine Großmutter ist eine weise Frau“, antwortete ich. Beschämt blickte sie zu Boden und verließ schweigend mein Büro. Nur selten erlebte ich diese junge Kollegin zuvor wortlos oder nachdenklich. Es war jedoch nicht die Tatsache, dass die Großmutter das Rätsel lösen konnte, das für die ausgebildete Pädagogin zu schwierig war, auch nicht der gescheiterte Versuch, meine besondere Anerkennung durch das Lösen der Aufgabe genießen zu dürfen, der sie schweigen ließ. Wie mir erst lange Zeit später klar wurde, war es das sichere Wissen um das Fehlen des eigenen Mutes, das dieses Schweigen erzeugte. Wie viele andere, scheiterte auch diese Pädagogin aufgrund ihrer Unfähigkeit, ausreichend Mut im Kontakt mit ihren Klienten aufzubringen. Sie begrenzte ihre Arbeit auf organisatorische Tätigkeiten und kluge Worte in den Teamsitzungen. Die Arbeit mit den Jugendlichen ihrer Gruppe überließ sie dabei den Lehrern und Ausbildern. Ein solches Scheitern aber bleibt meistens ohne Konsequenzen, nur selten wird eine Sozialpädagogin oder ein Sozialpädagoge für das Verweigern der Arbeit zur Verantwortung gezogen. Dass ihr die Lösung des Rätsels nicht eingefallen war und sie lieber im Erdboden versunken wäre, als sie zu hören, erklärte sich so im Nachhinein.

Mut benötigen wir, wenn wir in einen ehrlichen Kontakt zu unseren Klienten treten wollen. Wenn wir uns auf unser Gegenüber einlassen, mit einzelnen Personen oder Gruppen arbeiten, werden wir immer uns selbst in die jeweilige Beziehung einbringen. Vielleicht machen wir ein Beratungsgespräch, leiten einen Workshop, ein Bewerbertraining, eine Lerngruppe oder wir arbeiten gemeinsam an Alltagserfahrungen aus der Erziehung. Für die Art unserer Beziehungsgestaltung spielt das keine Rolle. Wir treten mit unserem Selbstanspruch an, der jeweils sehr unterschiedlich sein kann. Konsens herrscht jedoch in dem grundsätzlichen Anspruch, ein Begleiter zu sein, der Klienten unterstützen soll, der Ansprechpartner und Helfer auf dem Wege einer Entwicklung sein soll. Wir behaupten, dass unsere Klienten von unserer Arbeit profitieren können, ohne das je beweisen zu müssen. Mit dieser Behauptung ist in den meisten Fällen die Bedingung verbunden, dass der Klient, um nun wirklich in den Genuss des Profitierens von unseren Bemühungen zu kommen, unseren Ideen folgen muss. Das klingt zu einfach, um wahr zu sein, zu bekannt, um ungeprüft hingenommen zu werden. Der Klient sieht sich mit der Anforderung konfrontiert, etwas zu tun, das der zuständige Pädagoge ihm in irgendeiner Weise vormacht. Mit der Verheißung des Erfolges und der baldigen Besserung seiner Situation wird er geködert, diesem standardisierten Weg zu folgen. In der Praxis wird von individuellen Wegen und passgenauen Hilfen gesprochen, immer mit dem formulierten Anspruch verbunden, das zu tun, was das Beste für den einzelnen Klienten sei. Dabei scheint es das ungeschriebene Gesetz zu geben, dass der ausgebildete Pädagoge am ehesten weiß, was denn dieses Beste ist und wie es zu erreichen ist. Er hat die letzte Macht darüber, zu entscheiden, was getan werden muss. Wer aber stattet die Pädagogen mit der Fähigkeit zu solchen Entscheidungen aus? Wer verleiht ihnen das Wissen darüber, was ein Klient tun muss, um zu einer größeren Selbstbestimmtheit seines Lebens und vor allem zu mehr Lebenszufriedenheit zu gelangen? Was qualifiziert einen Pädagogen dazu, dem Klienten vorzuschreiben, was er zu denken, wie er seine eigenen Handlungen und Wünsche zu bewerten hat?

Regelmäßig höre ich den Aufschrei unter den Praktikern pädagogischer Arbeit, dass sie niemanden gängeln wollten, keinen Klienten zu irgendetwas zwingen würden, aber die Freiheit eines Menschen in einer Gesellschaft schließlich begrenzt sei. Ich glaube jedoch nicht an das Damoklesschwert der gesellschaftlichen Anforderung des Umprogrammierens unserer Klienten zu funktionierenden Teilnehmern der Gesellschaft. In den meisten Bereichen pädagogischer Arbeit haben wir es mit mündigen Personen zu tun, die eine Wegbegleitung in Anspruch nehmen oder von Behörden zur Teilnahme an einer Maßnahme verpflichtet werden. Warum Pädagogen aus der Teilnahmeverpflichtung, beispielsweise eines Arbeitslosen, der von der Arbeitsagentur zu einer Qualifizierung geschickt wird, den eigenen Anspruch des Dirigierens dieser Person ableiten, habe ich lange Zeit nicht verstanden. Vor einigen Jahren glaubte ich, das Machtausüben wäre Motivation genug. In meinem heutigen Verständnis bin ich davon überzeugt, dass die Abhängigkeit des Klienten die eigentliche Triebfeder ist. In einem Verhältnis der Abhängigkeit erlangt der Pädagoge am ehesten Aufmerksamkeit des Klienten. Damit erfüllt sich der Pädagoge einen lange ersehnten Zustand: endlich gehört zu werden.

Um nun dem Anspruch gerecht zu werden, wirklich für den Klienten da zu sein, benötigen wir Mut, denn wir werden im Kontakt mit anderen Menschen immer wieder unseren eigenen Bedürfnissen nach Zuwendung und Bestätigung begegnen. Im helfenden Kontakt darf dieses eigene Bedürfnis jedoch nicht den Verlauf und die Zielsetzungen leiten. Es muss uns gelingen, uns selbst zurückzunehmen und den emotionalen Bedürfnissen des Klienten möglichst viel Raum zu geben. Nur so kann er sich selbst hinterfragen und neue Wege des Denkens oder Handelns beschreiten, denn er muss nicht mehr fürchten, von unseren Anforderungen überrollt und zu irgendetwas gezwungen zu werden.

Der gute Wille hilft leider nicht viel. Unsere erklärte Absicht, unsere Bedürfnisse in den Hintergrund zu stellen oder gar die Behauptung, dass wir keine eigenen Bedürfnisse verspüren, da wir sachlich und professionell seien, sind fadenscheinige Lippenbekenntnisse. Je mehr wir unsere Befangenheit leugnen, umso eher ergreift sie ganz von uns Besitz, ohne dass wir es noch merken. Wir müssen mit ihr umgehen, an ihr arbeiten. Wir brauchen Mut, uns dazu zu bekennen. Nur so können wir uns immer wieder von dem Zwang der Befangenheit frei machen und in einen verbindlichen Kontakt zu unseren Klienten treten. Verbindlichkeit bedeutet in der von mir gebrauchten Begrifflichkeit, dem Klienten das zu lassen, was zu ihm gehört und meine Empfindungen und Bedürfnisse als Pädagoge bei mir zu belassen. Die ständige und unreflektierte Durchmischung zerstört jeden ehrlichen Kontakt und macht aus jedem Hilfsangebot eine Selbsthilfe für den Pädagogen.

Klarheit

In den Anfängen meiner pädagogischen Arbeit war mir häufig aufgefallen, dass ich in schwierigen Situationen leicht auf meinem Stuhl hin und her rutschte, was mein Gefühl der Unruhe jedes Mal noch verstärkte. Nachdem ich darauf aufmerksam geworden war, beobachtete ich ein ähnliches Verhalten auch bei anderen Menschen und versuchte mich selbst zu disziplinieren. Es schien sich schrittweise zu bessern, wollte aber nicht ganz gelingen und erforderte jedes Mal eine bewusste Anstrengung, um dieses Rutschen einigermaßen abzustellen. Erst nach einigen Jahren wurde mir klar, warum ich das eigentlich tat. Es war eine Klientin, die mich auf die Antwort brachte.

Frau Mohr war Anfang dreißig, hatte eine vierjährige Tochter und nahm seit etwas mehr als einem halben Jahr an einer Qualifizierungsmaßnahme für Arbeitslose und Sozialhilfeempfänger teil. Zwanzig Frauen, meistens allein erziehende Mütter, wurden in hauswirtschaftlichen Grundkenntnissen ausgebildet, um in entsprechenden Berufen in Teil- oder Vollzeit arbeiten zu können oder eine Umschulung aufzunehmen. Solch eine Qualifizierungsmaßnahme dauerte ein Jahr und war sozialpädagogisch begleitet. Frau Mohr hatte nach langer Suchterkrankung einen Drogenentzug hinter sich und war während der bisherigen Maßnahmedauer nicht auffällig geworden. Ich kannte sie aus meinen Gruppensitzungen und Kommunikationstrainings mit ihrer Ausbildungsgruppe und aus den regelmäßigen Einzelberatungen, die sie in Anspruch nahm.

Eines Tages fehlte sie an einem Freitag, ohne sich abzumelden, was für sie untypisch war, da ich sie nur als sehr zuverlässig kannte. Zu jener Zeit war ich als Pädagoge und Berater für ihre Gruppe zuständig, war aber auch in der Rolle eines Vorgesetzten, da die Teilnehmer einer solchen Maßnahme Arbeitsverträge hatten und ich sowohl als Teamleiter als auch als leitender Pädagoge Vorgesetzter für alle Ausbilder der Gruppe und alle Teilnehmer war. Eine heikle Aufgabe, zumal mir eine vertrauliche Beziehung zu meinen Klienten immer wichtig war. In Beratungsgesprächen wurden mir sehr private und intime Themen anvertraut, Alltagsprobleme und persönliche Schwierigkeiten mit mir besprochen. Es gab mehrere solcher Gruppen in unserem Bildungsunternehmen und immer waren es die zuständigen Teams aus Ausbildern, Lehrern und Sozialpädagogen, die gleichermaßen vertraute und vertrauliche Ansprechpartner und Vorgesetzte mit Sanktionsgewalt sein mussten. Außen stehende Menschen können sich oft nicht vorstellen, dass so etwas funktioniert, dass dieselbe Person Seelsorger sein kann oder derjenige, der eine Abmahnung ausspricht. Erfahrene Ausbilder aus betrieblicher Praxis wissen jedoch, dass das auch dort vorkommt, ein guter Ausbilder streng sein, aber gleichzeitig ein offenes Ohr für Probleme haben kann. Bemerkenswerterweise hatten in all den Jahren meiner Beobachtung solcher Konstellationen fast nie die Klienten ein Problem damit. Bislang sind es meistens die Pädagogen, die mit dieser Doppelrolle hadern. Hier liegt übrigens der entscheidende Unterschied zwischen Pädagogik und Psychotherapie. Pädagogen sind fast immer auch mit Sanktionsgewalt ausgestattet, während Therapeuten sich auf den verstehenden Beziehungsaspekt beschränken können. Sie nehmen bei ihren Klienten nur eine einzige Rolle ein. Therapie würde sonst kaum funktionieren.

Nun saß mir Frau Mohr gegenüber. Es war Dienstagmorgen, auch einen Tag zuvor hatte ich nichts von ihr gehört. Sie hatte an diesem Morgen die Dozentin gebeten, den Unterricht verlassen zu dürfen, um mit mir zu reden. Sie erzählte mir schließlich, dass sie für einige Tage rückfällig geworden sei. Freitags sei sie auf einer Party hängen geblieben und hätte wieder Drogen genommen. Das Wochenende sei schließlich verflogen und erst am Sonntagnachmittag habe sie realisiert, was sie eigentlich getan hatte. Den Montag hätte sie gebraucht, um wieder in einen ansehnlichen Zustand zu kommen, wie sie es nannte. Sie erzählte weiter von ihren finanziellen Belastungen und einer gerade zerbrochenen Beziehung, die ihr großen Halt gegeben hatte. Sie saß in demselben Sessel, den sie auch während ihrer Beratungsgespräche wählte, und schaute mich schuldbewusst an. Gleichzeitig machte sie jedoch nicht den Eindruck, sich entschuldigen zu wollen oder nach einer entlastenden Begründung für ihre Entgleisung zu suchen. Sie bekannte sich dazu und gab es offen zu.

„Wissen Sie, es ist mir wichtig, dazu zu stehen. Das habe ich in meiner Therapie wirklich gelernt, mich dazu zu bekennen. Ich habe wieder Drogen genommen. Es bleibt aber bei diesem einen Mal. Ziehen Sie mir bitte das Geld für diese Tage von meinem Lohn ab, ich habe es nicht verdient."

Ich wusste, dass sie das ehrlich meinte und nicht mit einer falschen Selbstkritik aufwartete, um Milde zu bewirken. Ich kannte Frau Mohr recht gut und es imponierte mir, wie stark und souverän sie mit der Situation umging. Also machte ich einen naiven Fehler, der meiner Unerfahrenheit entsprang.

„Wissen Sie was?", sagte ich gegen Ende unseres Gespräches, „Ich ziehe Ihnen gar nichts ab. Viel wichtiger als ihr Ausrutscher ist doch, wie Sie damit umgehen. Ich kann nachvollziehen, wie es dazu gekommen ist. Ich führe Sie in der Anwesenheitsliste als entschuldigt."

Aufgebracht, fast schon wütend streckte sie mir abwehrend die Hände entgegen, als wolle sie mich wegschieben und sagte mit Nachdruck: „Nein! Ich habe gesagt, ich möchte dafür geradestehen. Ich habe es vermasselt, nun muss ich auf das Geld verzichten. Natürlich brauche ich jede Mark, aber es wäre nicht richtig." Ich reagierte nicht. Sie durfte sich gerne Luft machen und ich glaubte, dass sie versucht hätte, mit ihrer abwehrenden Handbewegung Raum für sich zu schaffen, den sie jetzt etwas ärgerlich ausfüllte. Ich willigte ein, ihr das Geld abziehen zu lassen und versicherte, der Lohnbuchhaltung eine entsprechende Mitteilung zu machen. Im Rausgehen sagte sie zu mir: „Sie sind als Pädagoge immer für mich da. Als mein Chef müssen Sie das nicht."

Nachdem sie gegangen war, setzte ich mich an meinen Schreibtisch und dachte nach. Ich ließ unsere Unterhaltung noch einmal vor meinem inneren Auge ablaufen und überlegte, warum sie so hartnäckig war, wenn es darum ging, ihr Geld abzuziehen. Vielleicht hatte sie dieses Ritual gelernt, möglicherweise gehörte das zur Therapie und zur Rückfallvorbeugung oder es war einfach ihre Grundüberzeugung, dass es so sein sollte. Nachvollziehen konnte ich alle Varianten, fragte mich jedoch, warum sie so verärgert reagierte und warum sie diese deutliche Abwehrbewegung mit den Händen machte. Meine Annahme, dass sie sich Raum verschaffen wollte, hielt ich für keine gute Erklärung, das ergab kein stimmiges Bild, schließlich konnte sie sich im Gespräch jederzeit Raum nehmen und wurde nicht von mir begrenzt.

Ich stand von meinem Schreibtischstuhl auf und setzte mich noch einmal in den Sessel, in dem ich zuvor gesessen hatte. Meine Gedanken kreisten auf einmal wieder um die schwierige Lebenssituation dieser Frau und um die Frage, welchem gefühlsmäßigen Durcheinander sie oft ausgesetzt war. Mein Blick wanderte dabei durch mein Büro und blieb schließlich an meinem leeren Bürostuhl hängen. Ich stand auf und setzte mich kurz an meinen Schreibtisch, wechselte aber sofort wieder auf den Sessel.

„Hat sie nun mit dir gesprochen oder mit mir?", sagte ich in einem inneren Dialog, schaute dabei zu meinem Bürostuhl und stellte mir vor, wie ich selbst darauf saß. Ich erhob mich noch einmal vom Sessel und setzte mich endgültig wieder an meinen Schreibtisch und schüttelte den Kopf.

„Mit mir natürlich. Mit wem sonst?", fragte ich laut in den Raum hinein. Und plötzlich wurde mir auch klar, was diese abweisende Handbewegung sollte. Ich hatte zwei unterschiedliche Rollen, war Pädagoge und Vorgesetzter, sie bezeichnete mich sogar als ihren Chef. Und genau mit dem hatte sie geredet. Es ging Frau Mohr an diesem Tag nicht um ein Beratungsgespräch, nicht um die Klärung, wie es zu den Ereignissen des Wochenendes gekommen war. Sie beichtete ihrem Vorgesetzten, dass sie unentschuldigt gefehlt hatte. Mit der schroffen Handbewegung hatte sie nicht die großzügige Antwort ihres Chefs weggestoßen, sondern den Sozialpädagogen, der aus mir sprach und versuchte, etwas Verstehendes in die Situation einzubringen.

Wir beide gingen mit unterschiedlichen Erwartungen in dieses Gespräch, wobei ich es war, der die Bühne der Pädagogik öffnete, anstatt aufzunehmen, was sie mir mitteilte oder Klarheit über den Grund unseres Treffens zu schaffen. Aus der Routine der regelmäßigen Beratungssitzungen heraus leitete ich ab, dass unser Gespräch einen ähnlichen Charakter haben müsste und vermischte meine Rollen in unprofessioneller Manier. Mit der abwehrenden Geste hatte sie intuitiv wieder Ordnung hergestellt.

Mir wurde bei diesem Ereignis klar, warum ich so oft auf meinem Sessel oder meinem Stuhl hin und her rutschte. Es war nicht die Unsicherheit oder Unerfahrenheit des Handelns oder der Gesprächsführung. Es war die Tatsache, dass ich in mehr als einer Rolle zum Handeln aufgefordert war, die mich rutschen ließ. Innerlich setzte ich mich damit in schneller Folge in die eine und andere Rolle, konnte mich nicht entscheiden, welche ich nun einnehmen müsste oder versuchte beide gleichzeitig wahrzunehmen. Fortan beobachtete ich mich selbst und versuchte in Situationen, in denen mein Rutschen wieder da war, zu begreifen, welche Rollen da miteinander stritten. Ich ging in vielen Fällen offen damit um, indem ich etwa sagte: „Ich rutsche hin und her. Das tue ich immer, wenn ich das Gefühl habe, als Pädagoge und gleichzeitig als Vorgesetzter handeln zu müssen."

In meiner Supervision hatte ich gelernt, offen anzusprechen, was mich bewegt, sofern mein Gegenüber dazu bereit war, es zu hören. Anfangs war ich etwas misstrauisch, weil ich glaubte, damit mich selbst und meine Empfindungen oder Bedürfnisse in den Vordergrund zu stellen. Ich lernte jedoch sehr schnell, dass das Ansprechen solcher inneren Bewegungen nur für einen Augenblick die Aufmerksamkeit auf mich zieht, mir aber so die Gelegenheit gibt, von einer störenden Empfindung nicht weiter belastet zu werden. Indem ich sie kurz anspreche, kann ich sie besser verstehen und schnell wieder loslassen. Meine Klienten haben gleichzeitig die Gelegenheit, meine Reaktionen einzuordnen und als Teil von mir wahrzunehmen. So springen meine Gefühle nicht auf sie über und sie verwechseln sie nicht mit ihren eigenen Empfindungen.

Am Nachmittag ging ich in den Arbeitsraum der Gruppe und setzte mich zu Frau Mohr. Alle waren selbstständig am Arbeiten und in ihre Aufgaben vertieft. Sie blickte mich fragend an.

„Ich glaube, ich habe heute Morgen versucht ein pädagogisches Verständnis zu finden, obwohl Sie das gar nicht wollten. Als Pädagogen haben Sie mich wohl gar nicht gebraucht", sagte ich zu Frau Mohr, die zu lachen begann.

„Das habe ich gemerkt. Aber ich wollte nur Klarheit schaffen und sicherstellen, dass es Konsequenzen hat. Für alles andere habe ich doch meinen Termin am Donnerstag." Sie meinte damit ihren wöchentlichen Beratungstermin, der immer donnerstags um zehn Uhr war. Ich hatte etwas verstanden. Ich brachte das Geschehene in die Fallsupervision meiner Beratungsausbildung ein, die ich zu jener Zeit absolvierte, und verstand das Problem des Rollenwechsels immer mehr und begriff gleichzeitig, dass ein gezielter Umgang damit notwendig war, denn es würde immer so bleiben, dass ich als Pädagoge mehrere Rollen innehatte. Dass die Routine der Arbeit nicht von alleine zu einer professionellen Erfahrung führen würde, die eine klare Rolleneinnahme fördern könnte, war meine Überzeugung. Es bedurfte schon der aktiven Auseinandersetzung mit dem, was ich tat.

Unter Kollegen thematisierte ich die Rollenvielfalt und die damit notwendigerweise einhergehenden Rollenkonflikte. Es ging dabei vor allem um die Frage, wie gehandelt wird, wenn wir in zwei bedeutenden Rollen dazu aufgefordert werden, beispielsweise ein Dienstvergehen ahnden sollen, gleichzeitig als Pädagogen ein verstehendes Gespräch oder eine lösungsorientierte Beratung anbieten wollen. Irgendwie handelten wir alle intuitiv, mal mehr sozialpädagogisch, mal eher als Vorgesetzte. Immer schien jedoch Unzufriedenheit mit dieser Situation einherzugehen, was mich dazu veranlasste, der Frage nachzugehen, wie wir dauerhaft beides erfüllen könnten und warum das eigentlich so schwer sein sollte.

Nicht immer erleben wir Rollenkonflikte, obwohl wir ständig in mehr als einer Rolle angesprochen werden und Entscheidungen fällen, Probleme lösen oder in anderer Art und Weise handeln. Das kann jedoch nur der Fall sein, wenn wir uns intuitiv oder gezielt für die Übernahme einer bestimmten Perspektive entscheiden und für uns selbst sicher sind, in der betreffenden Situation als Pädagogen, Vorgesetzte, Lehrer oder aus einer anderen Rolle heraus handeln zu müssen oder zu sollen. Doch woher kommt diese Sicherheit? Nach welchen Kriterien entscheiden sich Menschen für eine von mehreren Rollen, wenn Handeln aus verschiedenen Perspektiven möglich ist?

Meine erste Antwort auf diese Fragen suchte ich in dem persönlichen Wertesystem, den Überzeugungen und Erfahrungen des handelnden Pädagogen. Diese scheint mir jedoch völlig unzureichend und viel zu einfach, um den geheimen Plan der Pädagogen zu durchschauen. Es geht nicht um die Frage der weitgehend eindeutigen Zuordnungen. Ein Klient, der über seine Ehekrise sprechen möchte, stürzt seinen Pädagogen ebenso wenig in eine Rollenkrise wie derjenige, der im volltrunkenen Zustand die Einrichtung zerlegt. Es sind die Zwischentöne, die sich als schwierig erweisen. Frau Mohr sprach über ein Thema, das sowohl von der pädagogischen Begleitung bearbeitet werden konnte als auch von einem Arbeitgeber Reaktionen hervorrufen konnte oder sogar musste. Es ist nicht nur so, dass als Inhaber zweier Rollen eine Entscheidung für die eine oder andere schwer fällt. Sie ist meines Erachtens nicht möglich, da die eine Rolle die jeweils andere missachten würde. Letztlich bliebe es beliebig, wann wir uns für die eine oder andere entschließen, wenn wir nicht durch äußere Umstände zu einem bestimmten Vorgehen gezwungen werden. Das aber wird dem fachlichen Anspruch einer professionellen Arbeit in keiner Weise gerecht. Ich überprüfte also an verschiedenen Fällen, die vorher passiert waren, wie ich eigentlich selbst mit diesem Rollenkonflikt umgegangen war und beobachtete auch andere Pädagogen. Dabei suchte ich immer wieder die Auseinandersetzung mit ihnen, um zu verstehen, worin die Unterschiede lagen. Einig schienen sich alle darin zu sein, dass es Zeit braucht, bis man gelernt hat, mit Rollenvielfalt umzugehen, gerade wenn verschiedene Rollen sehr unterschiedliches Vorgehen erfordern. Bei Pädagogen spitzt sich die Situation vor allem deshalb zu, weil die meisten versuchen, einerseits etwas Verstehendes anzubieten und damit sanktionsfreie Räume zu schaffen, was sehr oft hilfreich sein kann. Andererseits kann ein Handeln als Gruppenleiter oder Mitarbeiter im Team dem völlig entgegenlaufen.

In der Tat können wir in der Arbeit mit Menschen nicht mit einem fertigen Konzept aus den Universitäten, Fachhochschulen und anderen Ausbildungseinrichtungen kommen und für den soliden Umgang mit allen Anforderungen gerüstet sein. Selbstkritische Arbeit und Erfahrung sind notwendig, um der jeweiligen Situation und den an ihr beteiligten Personen weitgehend gerecht zu werden. Unerfahrenheit und Fehler, die dabei gemacht werden, sind es nicht, gegen die ich mich auflehne, sondern die Sturheit, mit der die Beliebigkeit des Handelns von den Professionellen verfolgt wird. Diplome und Zertifikate werden regelmäßig dazu missbraucht, das eigene willkürliche Treiben zu rechtfertigen, als wären sie eine Art Führerschein, der bestätigt, dass eine gewisse Fachkompetenz vorliegt. Im Zweifelsfalle bleibt dann noch der Rückzug auf die Insel des pädagogischen Verstehens und des besonderen Problemzugangs, der sich nur Fachkräften erschließt und nicht von aller Welt geteilt werden muss. Nicht selten erlebe ich eine solche Haltung der Arroganz und Hilflosigkeit in der Arbeit angeblicher Fachleute, deren Fachlichkeit tatsächlich nur aus Universitätsnoten gefolgert wird. In der Oberflächlichkeit der Alltagsroutine wird allzu leicht das Verstreichen der Zeit und das wiederholte Erleben ähnlicher Situationen für das Ansammeln von Erfahrung gehalten oder einfach dazu erklärt. Erfahrung in dem von mir gebrauchten Wortsinn meint mehr. Es bedeutet kritische Auseinandersetzung mit den eigenen Handlungen, das Hinterfragen der eigenen Motive und das Überprüfen der Beziehungsgestaltung zu anderen.

Und wiederum behaupten alle, dass sie genau das tun. Tatsächlich tun es die einen und die anderen nicht. Sie folgen jeweils unterschiedlichen Lösungsansätzen in der

Bearbeitung ihrer Rollenkonflikte: Rollentrennung oder Rollenvermischung.

Rollentrennung bedeutet, als Inhaber von zwei Rollen bewusst und verantwortlich aus jeder einzelnen heraus zu handeln, ohne dabei den Stellenwert der einen Rolle durch die jeweils andere zu mindern. Rollenvermischung heißt hingegen ständig das Einerseits-Andererseits gegeneinander abzuwägen und immer nur halbherzig zu einer Entscheidung zu kommen. Davon sind freilich nicht nur jene Pädagogen betroffen, die in so deutlicher Weise Träger zweier Rollen sind, wie es im Falle des Sozialpädagogen als Dienstvorgesetztem ist. Genauso geht es doch auch dem Sozialpädagogen, der im Sommerferienprogramm einer Stadt Kinder auf Abenteuerspielplätzen betreut. Muss er nicht auch ein verstehender Pädagoge sein, der ein offenes Ohr in sanktionsfreier Umgebung hat, wenn ihm die Jugendlichen ihre Probleme anvertrauen? Und ist er nicht gleichzeitig für sie ein Erzieher, der beim Brechen von Regeln bei gemeinsamen Aktivitäten Sanktionen ausspricht? Er stellt die gleichen Überlegungen an wie die Pädagogen in anderen Bereichen: Kann ich jetzt streng oder konsequent sein, obwohl ich weiß, was meinem Klienten Schlimmes widerfahren ist? Sollte ich nicht heute darüber hinwegsehen? Als Ausnahme vielleicht?

Und schon taumelt dieser Pädagoge in der Rollenvermischung und kann sich kaum mehr richtig entscheiden, wie er handeln sollte. Er könnte auch streng sein und den Regelbruch als Erzieher ahnden. Ohne Weiteres könnte er einen Jungen, der eine Schlägerei mit einem anderen anfängt, von der Gruppe ausschließen oder ihm die Teilnahme an einem Projekt untersagen. Der Pädagoge könnte so reagieren, wie es die Erziehungsregeln des Abenteuerspielplatzes vorsehen. Tut er es aber nicht, mit der angeblichen Rücksicht auf die momentan schwierige Situation des Jungen, so stellt sich die Frage, welchen Maßstab er da ansetzt. Auf diese Frage wissen die Wenigsten eine glaubhafte Antwort zu geben. Erfahrung oder Intuition werden vorgeschoben. Die Wahrheit ist viel einfacher, gleichzeitig aber frevelhaft. Es geht um Unverbindlichkeit, um die Gefahr, die Gönnerschaft des Klienten zu verlieren, wenn konsequent gehandelt wird. Er soll wissen, dass sein Pädagoge ihm hilft, Sanktionen abwendet, Rücksicht nimmt.

Dass fehlende Konsequenz und unklare Positionen dazu führen, dass der Klient sich nicht respektiert fühlt, kommt dem Pädagogen nicht in den Sinn. Er kann sich nur vorstellen, dass der Klient froh darüber ist, aufgrund seiner schwierigen Lage nicht alle Regeln einhalten zu müssen. Möglicherweise freut ihn das ja auch, immerhin ist er noch einmal ohne Abreibung davongekommen. Er erlebt seinen Pädagogen jedoch als Menschen, der keine klaren Positionen beziehen kann, als weiche und labile Persönlichkeit, die gutmütig und schwach ist. Der Klient verspürt intuitiv die Bedürftigkeit und die Hilflosigkeit seines Pädagogen. Und deshalb wird er sich in den meisten Fällen um ihn kümmern, was nicht heißt, dass er besonders motiviert oder kooperativ sein wird. Er wird vielmehr das tun, was sein Pädagoge normalerweise von ihm erwartet. Das kann natürlich ein unbequemes Verhalten sein, wenn es nur dazu dient, die eingespielte Beziehung zwischen beiden aufrechtzuerhalten.

Die eigentliche Antwort auf die Frage, nach welchen Kriterien in der pädagogischen Praxis eigentlich die eine oder andere Rolle eingenommen wird, hat also weniger mit Erfahrung, Überzeugung und Werthaltung des Pädagogen zu tun. Seine Bedürftigkeit nach Anerkennung entscheidet darüber, in welcher Rolle er mehr Aufmerksamkeit vom Klienten erhält. Diese Entscheidung ist natürlich an die Frage gekoppelt, wie sich der Klient im Weiteren verhalten wird, ob seine Zuneigung abgesichert werden kann. Läuft es darauf hinaus, die Hilfe des Klienten zu verlieren, weil dieser selbstständig und eigenverantwortlich entscheidet und handelt und damit kein Seelsorger mehr für seinen Pädagogen sein wird, so tut sich der Pädagoge leicht mit der Übernahme unpädagogischer Rollen. Ein Klient, der sich nicht benutzen lässt, wird entweder als unwillig bezeichnet oder als ausreichend betreut bezeichnet und immer weniger beachtet. Schließlich, so lautet die Rechtfertigung, will oder braucht er keinen Pädagogen mehr. Signalisiert der Klient aber Dankbarkeit und Abhängigkeit, so versucht der Pädagoge seine pädagogische Seite immer deutlich zu zeigen und damit diffus zu handeln. Schließlich möchte er den Klienten als seinen Seelsorger behalten. Eine niederträchtige Vorgehensweise, ist sie doch nicht darauf angelegt, dem Klienten auf seinem persönlichen Entwicklungsweg zu helfen und ihm Freiheit zu geben. Es wird ihm nur vorgegaukelt, dass es um ihn geht. Dieser Betrug ist jedoch nicht das Ende der Fahnenstange. Hinzu kommt der fatale Irrtum, durch die Hilfe des Klienten ein Versäumnis aus der Vergangenheit aufholen zu können, endlich Akzeptanz und Respekt zu erhalten. Diese schenken zwar die meisten Klienten auf die eine oder andere Art und Weise ihrem hilflosen Helfer, der sich Pädagoge nennt. Die Erfahrung des Nicht-Gehört-Werdens und des Minderwertigkeitsgefühls im Kontakt mit Erwachsenen und Mächtigen kann dadurch aber nicht ungeschehen gemacht werden. Klienten können viel für ihren Pädagogen tun, aber nicht die Zeit zurückdrehen und nicht seinen Lebenslauf im Nachhinein verändern. Es ist nicht einmal ihre Aufgabe, ein Helfer des Pädagogen zu sein.

Der Pädagoge wird immer auch ein lernender Mensch sein und entwickelt sich selbstverständlich im Kontakt mit seinen Klienten auch selbst weiter. Das ist in Ordnung so, es ist kein Vertragsbruch, kein Betrug. Geht es aber nur noch um ihn, nur noch darum, dass er sich bestätigt fühlen darf, so ist er ein Verräter und Lügner.

Liebe Leser, es ist mir bewusst, dass ich dem Großteil aller pädagogischen Fachkräfte, ob nun Lehrer, Erzieher oder wie in den geschilderten Beispielen Sozialpädagogen und Sozialarbeitern Vertragsbruch und Betrug am Klienten vorwerfe. Gleichzeitig behaupte ich, dass diese dem Irrtum unterliegen, dadurch die eigene Seele trösten zu können. Es ist mir außerdem klar, dass ich selbst Pädagoge bin und mich der kritischen Frage stellen muss, warum ich glaube, dass ich selbst und andere Pädagogen es anders machen als die von mir Angeklagten.

Ich unterstelle uns allen Befangenheit und die Tendenz, Klienten zu missbrauchen. Gleichzeitig fordere ich, dass wir alle lernen, es anders zu machen, tatsächlich für unsere Klienten da zu sein. Das wird immer wieder eine Herausforderung sein, die wir aber meistern können. Ich möchte auf einen methodischen Vorschlag verzichten, da es die persönliche Grundhaltung ist, die uns ermöglicht, kein Betrüger zu sein, eigene Befangenheiten loszulassen. Bei der kritischen Auseinandersetzung scheue ich den Widerstand meiner Fachkollegen nicht. Eine breite Zustimmung käme eher unerwartet. Die Betrüger werden sich nicht angesprochen fühlen, sie werden leugnen und bestenfalls zugeben, dass sie einen solchen Pädagogen kennen, einen einzelnen, der an einem Helfersyndrom leidet, aber eigentlich ganz nett ist. Und immerhin hilft er anderen, was ja nicht so schlecht sein kann. Wenn Sie nun auch zu denjenigen gehören, die das Beschriebene eher für eine Ausnahme halten oder die Auswirkungen der Befangenheit des Pädagogen für gering halten oder gar für die geeignete Triebfeder pädagogischer Arbeit, dann schließen Sie besser dieses Buch: Wir haben nichts gemeinsam!

Wenn Sie aber der Meinung sind, dass ich ein ernst zu nehmendes Problem der pädagogischen Fachwelt beschreibe, ganz gleich ob Sie ein Beobachter oder Betroffener sind, dann folgen Sie weiter meinen Ausführungen, prüfen Sie diese kritisch und hinterfragen Sie meine Ansätze. Ich strebe nicht nach Gefolgschaft oder unkritischer Zustimmung. Meine Aufforderung ist das Stellungbeziehen – das Einnehmen einer klaren Position!

Es geht nicht darum, dass wir aufhören, auf unseren Stühlen zu rutschen. Es geht darum, dass wir es wahrnehmen, uns dazu bekennen und dass es uns immer wieder gelingt, Ordnung unseres Handelns herzustellen. Es muss unsere Pflicht sein, eine klare Position beziehen zu können. Wenn es angebracht ist, die Rolle zu wechseln, was innerhalb eines einzigen Gespräches vorkommen kann, muss dies mitgeteilt werden, sodass alle die veränderte Perspektive verstehen. Unsere Klienten und wir selbst müssen wissen, in welcher Rolle wir gerade stehen und warum wir das tun. Nur so können wir authentisch bleiben und wirklich unsere Aufgabe als Pädagogen wahrnehmen. Nur so gelingt es, wann immer es passend ist, auch eine ausschließlich pädagogische Position einzunehmen und diese dem Klienten anzubieten. Der Versuch, in jeder Situation von allem ein bisschen zu sein, ist dabei weder von Anteilnahme noch von Fachlichkeit oder Respekt getragen, auch nicht von dem Versuch, etwas Helfendes zu tun, sondern ausschließlich von der Bedürftigkeit des Pädagogen. Zu wichtig ist all jenen, die in nachlässiger Weise in diffusem Rollengewirr verbleiben und das als Besonderheit anpreisen, die Zuneigung des Klienten. Niemals können sie deshalb die Pädagogenrolle einmal außen vor lassen, es sei denn, sie wollen den Kontakt zum Klienten aufgeben, weil dieser nicht mehr ergiebig genug ist. Umgekehrt scheint es einfacher. Den gänzlich verstehenden Part einzunehmen scheint viel einfacher zu sein und dabei andere Rollen zu vernachlässigen. Dieses immer präsente Pädagogische, das ständig jedes andere Handeln unterwandert, degradiert die Pädagogik dabei ungewollt. Sie verkommt im Schatten ihrer bedürftigen Fachkräfte zur Spielwiese der Beliebigkeit – auf Kosten des Klienten, der als Diener des Pädagogen dessen Sehnsüchte des Gehörtwerdens und Geachtetwerdens erfüllt. Er wird betrogen, denn die vielen Bemühungen des Pädagogen dienen nicht ihm. Sie erfüllen einen Zweck für den Pädagogen selbst.

Einige Jahre später erlebte ich einen Fall in meiner pädagogischen Arbeit, der sehr deutlich zeigt, wie stark die Entscheidungen und Handlungen zweier Rollen voneinander abweichen können. Gleichzeitig ist er ein Beleg dafür, dass es möglich ist, trotz starker Sanktion und dem rigorosen Einnehmen einer starren Position einerseits eine vertrauliche sozialpädagogische Arbeit andererseits aufzubauen und zu erhalten. Beide Rollen wurden von mir selbst eingenommen, als ich mit Dominik, einem 17-jährigen Jungen, arbeitete. Er gehörte zu einer Gruppe von Auszubildenden, die während ihrer außerbetrieblichen Ausbildung von mir begleitet wurden. Er machte eine Berufsausbildung zum Gärtner und arbeitete recht fleißig und engagiert. Er kam zu uns, nachdem er eine betriebliche Ausbildung abgebrochen hatte. Seinen Schilderungen zufolge gab es eine Auseinandersetzung über die tägliche Arbeitszeit und über die vielen Überstunden, die er machen musste. Schließlich wurde das Ausbildungsverhältnis aufgelöst. Da Dominik keinen Schulabschluss hatte, wurde er von der Berufsberatung der Arbeitsagentur zu uns geschickt, um eine außerbetriebliche Berufsausbildung zu machen. Also bekam er einen Ausbildungsvertrag mit uns als Bildungsträger und arbeitete an Berufsschultagen und an einem wöchentlichen Praxistag in seiner Ausbildungsgruppe in unseren Räumen und an den übrigen Tagen in Kooperationsbetrieben. Dominik war ein kräftig gebauter, breitschultriger junger Mann, der eigentlich sehr friedfertig wirkte. Ich erlebte ihn nie aufbrausend oder aggressiv, meistens hatte er gute Laune und einen lockeren Spruch oder einen Witz parat. Aus Gesprächen mit ihm wusste ich, dass er früher einige Male wegen Verwicklungen in Schlägereien angezeigt worden war. Das alles schien der Vergangenheit anzugehören.

Eines Morgens, als ich gerade mein Büro betreten hatte, kam Sonja, eine Auszubildende aus Dominiks Gruppe, aufgeregt angelaufen, warf meine Tür zu und setzte sich eilig auf einen Sessel in meinem Büro. Noch bevor ich sie fragen konnte, was geschehen war, sagte sie schnell: „Ich muss mit Ihnen reden. Es darf aber keiner wissen.“

„Du bist ja völlig aufgeregt“, antwortete ich und sagte weiter: „Natürlich kannst du vertraulich mit mir reden. Was ist passiert?“ Während ich mich hinsetzte, erzählte sie mir, dass ein anderer Auszubildender von Dominik geschlagen würde. Ich wollte wissen, wie häufig das vorkam und wie ich mir das vorzustellen hätte. Sonja berichtete mir, dass Mirko nachmittags tanzen müsse und dabei mit einem Fiberglasstock geschlagen werde.

Die Jugendlichen arbeiteten an den Nachmittagen manchmal selbstständig und ohne durchgehende Aufsicht. Ich wusste, dass sie in den Pausenzeiten ab und zu

Musik hörten. Mirko, der gerne im Mittelpunkt stand und dafür auch in Kauf nahm, ausgelacht zu werden, tanzte dabei gelegentlich zur Musik. Meine Kollegen und ich hatten das einige Male beobachtet, einmal hatte er sogar einen Tanz unbedingt vorführen wollen, um uns zu imponieren. Vor der Gruppe und in Anwesenheit eines Kollegen und meiner Person zeigte er eine Mischung aus Breakdance und Disco-Freistil, die tatsächlich zum Lachen animierte. Diesmal aber war es anders. Er wurde laut Sonjas Schilderung zum Tanzen gezwungen und dabei mit dem Fiberglasstock, der normalerweise als Zeigestock für den Lehrer diente, geschlagen. Sie wollte anonym bleiben, um selbst Ärger zu vermeiden.

Ich musste eingreifen und holte Mirko aus dem Unterricht, der vor wenigen Minuten begonnen hatte. Er bestätigte, dass er am Tag zuvor und schon einige Male früher zum Tanzen gezwungen worden war und von Dominik dabei mit dem Stock geschlagen wurde. „Euer Unterricht dauert bis zum Mittag. Danach werde ich mit euch beiden in meinem Büro reden. Ich möchte verhindern, dass so etwas noch einmal vorkommt. Wir besprechen das nach dem Unterricht", sagte ich zu Mirko und war mir sicher, dass er bis dahin in Sicherheit war. Eine Fehleinschätzung, wie sich später herausstellen sollte.

Die Abdrücke des Fiberglasstabes waren als rote Striemen noch deutlich auf Mirkos Waden zu sehen. Dominik musste fest und sehr häufig zugeschlagen haben, das wusste ich. Dummerweise rechnete ich nicht damit, dass Mirko sich durch meine Beschützerhaltung stärker als vorher fühlen würde und nun zum Gegenschlag ausholte. Wie ich erst viel später erfuhr, kündigte er Dominik in der Pause an, dass es ein gemeinsames Gespräch geben werde und dass er die Gruppe verlassen müsste. Davon war keinesfalls die Rede, aber alle kannten mich als sehr konsequent und als Wächter der Hausregeln. Diese ermöglichten in einem solchen Falle eine Entlassung aus dem Projekt, schrieben sie aber nicht vor. Wahrscheinlich wollte Mirko das Gefühl der Überlegenheit erfahren und Dominik zum reumütigen Bitten um Gnade veranlassen. Er hatte sich verschätzt. Stattdessen fing er sich einen Faustschlag ins Gesicht ein und prallte mit dem Kopf an die Wand.

Von alledem bemerkte ich nichts. Erst als eine Kollegin, die mir am Frühstückstisch in der Cafeteria gegenübersaß, mit dem Kopf hinter mich deutete und sagte: „Ich glaube, es ist etwas passiert", wurde mir klar, was geschehen war.

Mirko stand da mit rotem Gesicht, struppigen Haaren und eingerissenem Hemdkragen. Es war offensichtlich, dass er eine Abreibung bekommen hatte. Ich stand auf, ging auf ihn zu und hatte dabei das Gefühl, einen Fehler gemacht zu haben, weil ich nicht gleich mit beiden gesprochen hatte. Ändern konnte ich es nicht mehr und so nahm ich Mirko mit in mein Büro und suchte Dominik. Ich fand ihn auf dem Flur der ersten Etage und stellte ihn wütend zur Rede. Ich konnte die Vorfälle, vor allem den erneuten Übergriff, nicht gutheißen und ging entsprechend streng mit ihm um. Dennoch verflog meine Wut relativ schnell, denn eigentlich waren es meine

Selbstvorwürfe, die mich so ärgerten. Er hatte die Verantwortung für das Zuschlagen zu tragen, sein Verhalten konnte und wollte ich nicht dulden. Meine Wut aber hatte vor allem damit zu tun, dass es möglicherweise nicht passiert wäre, wenn ich die Situation sofort mit beiden besprochen hätte. Diese Wut gehörte zu mir, die Verantwortung für sein Tun gehörte zu ihm. Wesentlich entspannter, aber dennoch ernsthaft sagte ich schließlich: „Ich fahre Mirko jetzt ins Krankenhaus und lasse ihn untersuchen. Wir beide sprechen heute Nachmittag miteinander. Du wirst die Konsequenzen für dein Verhalten tragen müssen."

„Ich weiß", sagte er mit starrer Mine und unsere Wege trennten sich. Dominik ging in den Unterricht, ich zu meinem Büro. Die Untersuchung im Krankenhaus brachte den Befund einer Gehirnerschütterung. Mirko wurde einige Tage vom Unterricht befreit, um sich zu erholen. Am Nachmittag kam Dominik wie verabredet in mein Büro. Ich hielt es für wichtig, meine Haltung zu seinem Verhalten sofort klarzustellen und ihm die formellen Konsequenzen aufzuzeigen. Darüber hinaus gab es viele Dinge zu besprechen. Um dem Gespräch eine Struktur zu geben und die Bedeutung der Konsequenzen seines Handelns nicht zu verwässern, mussten diese aber warten.

„Ich dulde keine Angriffe auf andere Auszubildende. Körperliche Gewalt akzeptiere ich in keinem Fall. Du verstößt gegen Gesetze und gegen unsere Hausregeln. Für den Gesetzesverstoß werde ich dich bei der Polizei anzeigen. Die Staatsanwaltschaft wird darüber entscheiden, ob gegen dich Anklage erhoben wird. Für den Regelverstoß bei uns wirst du an der nächsten Gruppe des Anti-Gewalt-Trainings teilnehmen. Es ist gleichzeitig die Auflage, um in der Gruppe verbleiben zu dürfen. Verhandlungsspielraum gibt es hierbei nicht." Dominik hatte sich das angehört und wusste, dass ich kein Schauspiel aufführte. Die Bedingungen waren so, wie ich sie vorgetragen hatte. Er wusste, er käme auf keinen Fall um eine Anzeige herum, auch das Anti-Gewalt-Training war nicht verhandelbar. Dominik blieb ruhig und hatte Tränen in den Augen. Er entschuldigte sich für sein Verhalten und sagte, er wäre bereit, die Verantwortung dafür tragen. Da ich ihn sehr gut kannte, wusste ich, dass es kein Trick war, um mich von der Anzeige abzubringen. Ich stand also klar und deutlich auf meiner Position als Wächter der Regeln, als Hüter der Ordnung. Nichts hätte mich von meinem Vorhaben, ihn anzuzeigen, abbringen können.

„Was wird mit mir geschehen? Mit welcher Strafe muss ich rechnen?", fragte er mich.

„Das weiß ich nicht. Das zu entscheiden ist Sache des Gerichtes. Wir werden aussagen müssen und dann werden wir sehen. Ich werde so aussagen, wie es sich aus meiner Sicht zugetragen hat. Wie wir weiter miteinander verbleiben, hat darauf keinen Einfluss."

Ich spürte, dass Dominik Angst hatte. Um diesen Teil abzuschließen, erläuterte ich ihm außerdem, wie ich mit der Polizei Kontakt aufnehmen würde und dass er damit rechnen müsse, noch am selben Tag von der Polizei vernommen zu werden. Nachdem dieser Teil unseres

Gespräches geklärt war und ich mich rückversichert hatte, dass er keine Fragen mehr dazu hatte, sagte ich Dominik, er solle noch sitzen bleiben. Er schaute mich fragend an.

„Was macht dich eigentlich so wütend?", fragte ich ihn und er verstand nicht sofort, worum es ging.

„Was meinen Sie?", fragte er zurück.

„Dominik. Ich weiß, dass du Mirko nicht schlägst, weil es irgendeinen Ärger zwischen euch beiden gibt. Er ist einfach nur schwächer als du, ein willkommenes Opfer. Dich belastet etwas anderes. Vielleicht ist es schwer, mit mir darüber zu reden, weil du weißt, dass ich dich anzeigen werde."

Ich wollte Dominik weiter erklären, dass ich für ihn auch der zuständige Pädagoge bleiben und alle meine Angebote für ihn aufrechterhalten würde. Dazu kam ich aber gar nicht. Er schüttelte sofort den Kopf und sagte: „Was soll jetzt anders sein? Wieso sollte ich ihnen nicht mehr vertrauen? Sie sind ehrlich und tun, was getan werden muss. Es würde mich schon sehr wundern, wenn Sie bei mir anders reagierten, als ich das von Ihnen kenne."

Dominik hatte verstanden, dass ich zwei Rollen in einem Gespräch wahrgenommen hatte, im ersten Teil die eines Ordnungshüters oder eines Vorgesetzten und im zweiten Teil die eines Sozialpädagogen. In der Wächterrolle ging es um die Probleme, die Dominik gemacht hatte, in der Pädagogenrolle beschäftigte ich mich mit den Problemen, die er hatte. Beides geht nicht gleichzeitig, es kann aber von ein und derselben Person gemacht werden. Unser Gespräch ging sehr schnell in die Tiefe und er erzählte von Konflikten zwischen seiner Mutter und ihm, von Gewalterfahrungen in der Kindheit und von seinen Prüfungsängsten. Schließlich vereinbarten wir einen regelmäßigen wöchentlichen Termin zur Beratung.

Die Polizei kam noch am gleichen Tag in unsere Einrichtung und nahm meine Anzeige und Dominiks Aussage zu Protokoll. Ab der darauf folgenden Woche besuchte Dominik regelmäßig das Anti-Gewalt-Training und kam einmal pro Woche zu einem Beratungsgespräch in mein Büro. Sechs Monate später war die Gerichtsverhandlung. Ich war als Zeuge geladen und musste den Vorfall zwischen den beiden Jugendlichen erläutern. Dominik war mit seiner Mutter zur Verhandlung gekommen. Obwohl die Situation nicht angenehm war, gab es keine Spannungen zwischen uns. Sachlichkeit und Ruhe lagen über der Verhandlung. Ich war nicht wirklich überrascht, aber doch erleichtert, dass es so war.

Dominik musste Arbeitsstunden ableisten. Als wir zusammen aus dem Gerichtsgebäude gingen, gab seine Mutter mir die Hand und sagte: „Das war richtig so, Herr Simon. Ich glaube, er hat etwas gelernt. Ich danke ihnen.“

Ich nickte und verabschiedete mich mit den Worten: „Alles Gute.“

Die vertrauensvolle Beziehung zwischen uns hatte sich nicht ansatzweise verändert. Dominik konnte in der Beratung wichtige Themen bearbeiten und sich im Anti-Gewalt-Training mit seinen Aggressionen konfrontieren. Er wurde mit der Zeit zu einem reifen jungen Mann, der schließlich seine Prüfung bestand und uns verließ.

Zwei Jahre später, als ich längst in einer anderen Stadt arbeitete, traf ich ihn wieder. Auf dem Schulhof einer Berufsschule hörte ich, wie weit hinter mir mein Name gerufen wurde. Die Stimme kam mir vertraut vor, ich konnte sie jedoch nicht zuordnen und drehte mich um. Da sah ich Dominik, der sich breitschultrig durch die Schülermenge einen Weg bahnte. Immer wieder rief er dabei meinen Namen, bis er sich sicher war, dass ich ihn erkannt hatte. Er wollte mich um keinen Preis verpassen. Mit einem schwungvollen Händedruck begrüßten wir uns und waren beide froh, uns wieder zu sehen. Er erzählte von seiner zweiten Berufsausbildung und von seinen Plänen für die Zukunft. Es war, als wäre kaum Zeit vergangen seit damals. Wir hatten jedoch beide nur einige Minuten und verabschiedeten uns schon bald wieder. Da ich regelmäßig mit bestimmten Schülern der Berufsschule arbeitete, traf ich ihn noch einige Male. Immer unterhielten wir uns kurz miteinander. Dabei sprachen wir über alles Mögliche. Nur über die Anzeige und die Gerichtsverhandlungen haben wir seit dem Verlassen des Gerichtsgebäudes nie wieder gesprochen. Es war nichts offen geblieben.

Wenn ich im Kollegenkreis von Dominik erzähle, begegnet mir meist die Antwort, es sei ein Zufall gewesen oder großes Glück, dass ich trotz Anzeige eine vertrauensvolle Beziehung zu ihm aufrecht halten und sozialpädagogisch intensiv mit ihm weiterarbeiten konnte. Ich glaube nicht, dass das stimmt. Auch liegt es nicht an einer besonderen Fähigkeit oder einem einzigartigen Fingerspitzengefühl meinerseits, dass das möglich war.

Es ist meine feste Überzeugung, durch Klarheit und festes Einnehmen der notwendigen Positionen Respekt zu vermitteln. Es fühlt sich nicht derjenige respektiert, der geschont wird, sondern derjenige, der als verantwortliche Person wahrgenommen und behandelt wird. Einen Regelbruch zu ignorieren, bedeutet auf jeden Fall, die Regel nicht ernst zu nehmen, den Regelbrecher nicht ernst zu nehmen und den, der sie aufgestellt hat, ebenfalls nicht ernst zu nehmen. Dies aber nicht zu dulden und entsprechend darauf zu reagieren und derselben Person noch etwas Verstehendes anzubieten, erfordert etwas Mut. Die intensive sozialpädagogische Arbeit mit Dominik führte natürlich dazu, dass ich immer besser nachvollziehen konnte, wie es zu seinem Verhalten gekommen war. Die Ventilfunktion seiner Gewalt wurde dabei offenbar, es wurde sichtbar, dass er einfach keine andere Strategie verfügbar hatte, wenn der Druck zu groß wurde. Damit könnte jeder halbwegs versierte Sozialpädagoge arbeiten. Wir können in einem solchen Fall vieles anbieten, beispielsweise Verhaltenstraining, Stressreduktionsstrategien, alternative Rituale und vieles mehr. Eines dürfen wir nicht: den Regelbruch entschuldigen oder einfach hinnehmen, weil wir seine Ursachen kennen. Dabei geht es mir vorrangig nicht um den Schutz des Opfers, der Gruppe oder um das Aufrechterhalten einer notwendigen Ordnung. All das ist wichtig, mir geht es jedoch darum, alles, was der Klient ist oder macht, ernst zu nehmen. Hätte ich Dominiks Übergriff geduldet oder mit seinen eigenen Problemen entschuldigt und daher ohne Konsequenzen gelassen, so hätte er gespürt, dass ich eine meiner Rollen nicht wahrgenommen hätte. Ich bin der festen Überzeugung, er hätte sich nicht angenommen und nicht respektiert gefühlt. Er hätte nie geglaubt, dass ich ihn als Menschen ernst nehme, wenn ich seine Handlungen als nicht so schlimm abgetan hätte. Wenn sich eine Person aufgrund seiner eigenen Befindlichkeit derartige Übergriffe erlauben darf, hat das eher den Anschein eines Kranken, der nicht Herr seiner Sinne ist, der unmündig ist. Das war Dominik nicht. Das waren auch die vielen anderen nicht, die trotz erheblicher Konsequenzen ihres Tuns in vertraulichem Kontakt weiter an sich arbeiteten konnten.

Keine Zufälle. Keine Glücksfälle. Kein Pädagogengeschick. Nicht einmal eine Besonderheit. Ehrlichkeit, Mut und Klarheit – sonst nichts.

Respekt

Es war Anfang März und der Hunsrück lag unter einer dicken Schneedecke. Jeden Morgen fuhr ich die steilen Straßen dieses schönen Mittelgebirges hoch, um schließlich das Ausbildungsinstitut zu erreichen, für das ich seit einigen Wochen als Dozent für Psychologie und Pädagogik tätig war. Meine Aufgabe bestand darin, einer Gruppe von studierenden Pädagogen die Lern- und Verhaltenspsychologie näher zu bringen und sie auf ihre Praxisprojekte vorzubereiten. Als Teilnehmer dieser Ausbildungsgruppe wurden 25 Frauen und Männer für die pädagogische Arbeit mit behinderten Menschen ausgebildet. An diesem Tag stand das Anfertigen von Personenbeschreibungen auf dem Lehrplan, denn ein wesentlicher Teil der praktischen Arbeit bestand in der Dokumentation des jeweiligen Projektes. Alle Teilnehmer hatten sich hierzu Einrichtungen gesucht, in denen sie ein Praktikum machen konnten. Während der vorgesehenen acht Wochen sollte mit einem Klienten ein pädagogisches Projekt durchgeführt werden. Es sollte so angelegt sein, dass für die Dauer eines Tages eine Person, die in dieser Einrichtung betreut wurde, mit einer vorbereiteten Beschäftigung begleitet wird. Dabei sollte dieser Klient möglichst in seiner Entwicklung davon profitieren, etwas lernen, einüben oder etwas besser machen können als vorher. Es ging also um strukturierte Lernprozesse, mit der Anforderung, dass die Tagesplanung in das Förderkonzept des Klienten eingepasst werden konnte und nicht künstlich wurde. Eine interessante Aufgabe, die sehr anspruchsvoll sein konnte. Immerhin standen die Teilnehmer kurz vor einer Zwischenprüfung, etwa in der Mitte ihrer Ausbildung, und hatten schon einige Erfahrungen sammeln können.

Die Dokumentation, die anzufertigen war, musste eine Personenbeschreibung enthalten, Ausführungen über den bisherigen Verlauf der Entwicklung und die Planung des Projektes mit Zielen, Wegen und Methoden. Der Schwerpunkt sollte an diesem Tag auf der Personenbeschreibung liegen. Da ich als Praktiker der pädagogischen Arbeit in meinen früheren Tätigkeiten nicht nur regelmäßig mit Dokumentationen und Prozessbeschreibungen zu tun hatte, sondern auch für verschiedene Maßnahmen und Projekte eigene Dokumentationssysteme entwickelt hatte, wurde dieses Thema mir übertragen. Ohne jede Vorbereitung war ich an diesem Morgen zuhause losgefahren und auf der Fahrt durch die verschneite Gegend überlegte ich, welche Projektideen die Teilnehmer wohl hatten. Diese Frage interessierte mich viel mehr als die Art der Personenbeschreibung, über die ich in meiner Vorbereitung kaum nachgedacht hatte. Wie häufig, wenn ich mit Gruppen arbeite, bestand meine äußere Vorbereitung einzig darin, mir auf dem Weg zum Hörsaal einen dicken Filzstift oder einen Boardmarker zu greifen, damit ich Gedankengänge und Impulse auf einer Wandtafel oder einem Flipchart notieren konnte. Alles, was es zu wissen oder festzuhalten gibt, entwickle ich meist mit der Gruppe. Meine persönliche Erfahrung zeigt, dass alles Notwendige wie von selbst angesprochen wird. Erwachsene wissen normalerweise, was ihnen fehlt oder was sie nicht gut beherrschen. Solange es nicht um die Weitergabe von detailliertem Fachwissen geht, sondern geklärt werden soll, wie etwas zu tun ist, sind weder Folien noch komplizierte Tafelanschriften notwendig. Insofern stand meine Vorbereitung und ich konnte in Gedanken noch etwas abschweifen und an meine eigene Studentenzeit denken und an die Praxisprojekte, die wir damals vorbereiten mussten. In meiner Erinnerung war es so, dass immer sehr großer Wert auf die Gliederung von Berichten gelegt wurde und ich befürchtete, es würde hier nicht anders sein. Wir hatten damals eine hitzige Debatte darüber, ob Verhaltensbeschreibungen möglichst sachlich und neutral verfasst werden sollten oder gleich in ihrer Bedeutung erfasst werden konnten.

Der größte Teil dieses Streites wurde unter den Professoren und Dozenten ausgefochten, da prallten die wissenschaftlichen Ideologien deutlich heftiger aufeinander als bei den Studenten. Ich kannte die Gruppe erst seit einigen Wochen, aber irgendwie erwartete ich eine ähnliche Diskussion. Mein Gefühl sagte mir, dass es eine Beklemmung in dieser Gruppe gab, was das Formulieren anging. Es war mir schon vorher aufgefallen, dass einige sich sehr zurückhaltend äußerten, wenn es um Behinderungen ging, was ich bis dahin nicht wirklich verstand. Gleichzeitig bemerkte ich, dass es manchen verwirrten Blick gab, wenn ich selbst über die pädagogische Arbeit im Zusammenhang mit körperlichen und geistigen Behinderungen sprach. Zunächst glaubte ich, dass ich mich als jemand, der gerade aus der pädagogischen Praxis kam, möglicherweise etwas alltagssprachlicher oder robuster ausdrückte, als es Dozenten tun, die seit vielen Jahren in der Lehre tätig sind. Heute aber sollte ich erfahren, dass es einen anderen Grund dafür gab.

Eine Eröffnungsrunde mit Brainstorming zu dem Thema Personenbeschreibungen in Falldokumentationen brachte einen interessanten Aspekt. Bei Frau Heinrich, einer Dozentin aus unserem Team, hatte es bereits einen Unterricht zum Abfassen von Beschreibungen gegeben und in besonderem Maße wurde dort der Kompetenzansatz beachtet. Da ich das Schlagwort aus zahlreichen geschriebenen Konzeptionen gut kannte, ließ ich mir erläutern, was die Gruppe darunter verstand. Man sagte mir, es ginge darum, die Stärken des Klienten zu betonen, anstatt seine Schwächen in den Vordergrund zu stellen. Schließlich käme es darauf an, dem Klienten Wertschätzung zu zeigen.

Wir diskutierten also eine Zeit lang über die Bedeutung von Wertschätzung, Transparenz und Ehrlichkeit in der pädagogischen Arbeit, bis mir ein Student mitteilte, dass die Personenbeschreibungen im Entwurf schon vorlagen. Meine Rückfrage ergab, dass tatsächlich alle Studenten ihren Klienten bereits beschrieben hatten. Ich schlug also vor, dass wir zwei Beispiele exemplarisch besprechen und daran einige Punkte entwickeln könnten, die für das Verfassen einer Klientenbeschreibung wichtig waren.

Herr Blass, einer der Studenten, begann, seine Ausführungen vorzulesen. Wir erfuhren, dass Bernd, sein

Klient, in einer Werkstatt für behinderte Menschen arbeitete und im Bereich der Motorik gefördert werden sollte. Er verfügte über die Fähigkeit, in einfachen Sätzen, langsam zu sprechen und sich damit gut verständigen zu können und er konnte koordinierte Greifbewegungen machen. Außerdem erfuhren wir, dass Bernd im Sitzen etwa vier Stunden am Stück seine Arbeit verrichten konnte. Er steckte metallene Maschinenteile zusammen, die mit einem Bajonettverschluss eingerastet wurden. Ziel des Projektes mit diesem Klienten war die Verbesserung der Motorik der Hände. Die Ausführungen des Herrn Blass enthielten noch einige Fähigkeiten des Klienten, die jedoch über das Anforderungsniveau der von mir genannten Beispiele nicht hinausgingen.

„Sagen Sie uns bitte noch, welche Art der Behinderung Ihr Klient hat", sagte ich zu dem Studenten, der mich verwirrt anschaute.

„Das hab ich jetzt extra weggelassen. Alle Dozenten haben uns gesagt, wir sollen nach dem Kompetenzansatz vorgehen. Jetzt will ich auf keinen Fall Defizite auflisten. Wichtiger ist doch, was der Klient kann. Oder nicht?"

Er schien verunsichert. Ich hatte erst wenige Stunden mit dieser Gruppe gearbeitet, der Vertrauensvorschuss, den ich genoss und auch der Respekt vor meiner fachlichen Erfahrung waren jedoch sehr groß. Ebenso natürlich die Erwartungshaltung. Alle schauten gespannt nach vorne. Es musste in der Vergangenheit wohl Auseinandersetzungen darüber gegeben haben, ob in einer Klientenbeschreibung stehen darf, mit welchen Einschränkungen dieser zurechtkommen musste. Das sollte also der Kompetenzansatz sein: nur schreiben, was jemand kann und wohin er sich entwickelt. Wenn ich nicht schon zu oft Ähnliches gehört hätte, wäre noch ein Missverständnis zwischen den Dozenten und den Studenten infrage gekommen. Ich war jedoch schnell davon überzeugt, dass sie es genau so gelernt hatten, was mich nicht davon abhalten konnte, diesen Unsinn zu entlarven.

„Ich habe ein Problem mit Ihrer Beschreibung", fing ich an. „Ich möchte Ihnen daher eine Frage stellen. Ihnen allen." Die Studenten warteten nun noch gespannter.

„Nehmen wir einmal an, Ihre Beschreibung gelte einer Person hier im Raum. Wer käme dafür infrage?"

Einige Sekunden lang war alles ruhig im Hörsaal. Herr Blass selbst antwortete: „Keiner! Hier hat doch keiner eine Behinderung!"

Er schaute noch einmal auf seine Unterlagen und kratzte sich am Kopf. Nach einer Weile sagte er leise: „Die passt eigentlich auf jeden hier."

Das war der Punkt. Nicht nur auf jeden Studenten im Saal, auf jeden gesunden Menschen passte diese Beschreibung. Herr Blass hatte ein klares Bild seines Klienten im Kopf und immer wenn er von ihm sprach, sah er ihn vor seinem inneren Auge. So geht es uns allen, wenn wir von bekannten Personen sprechen, nur kannte niemand den Klienten Bernd, außer Herr Blass. Wir diskutierten schließlich die Frage, wie eine Person beschrieben werden konnte, sodass ein Bild von ihr entstand. Dabei wurde klar, dass wir nicht umhinkamen, auch Einschränkungen zu benennen. Das schien dem zu widersprechen, was die Studenten bisher gelernt hatten und ich fragte mich, ob die Dozenten mit Überzeugung diese Art des Kompetenzansatzes, den ich eigentlich nicht so nennen will, vertraten. Es kam mir eher vor wie ein Erfüllungszwang. Offensichtlich ein sehr problematischer, denn kein Rhetorikkünstler dieser Welt könnte durch das Ausformulieren von Fähigkeiten ein Bild des Klienten Bernd entstehen lassen, das auch nur halbwegs seinem Zustand und seinen Möglichkeiten entsprach. Bernd war beispielsweise querschnittsgelähmt. Das aber kann nicht wirklich damit beschrieben werden, dass er sitzen kann. Wir kommen nicht umhin zu sagen, dass er gelähmt ist und deshalb eben nicht stehen und nicht gehen kann. Ohne Klärung des Begriffes und des damit verbundenen Grundverständnisses des Kompetenzansatzes in der pädagogischen Arbeit wären wir nicht vorangekommen. Ich entschied daher, den Begriff mit der Gruppe zu erarbeiten.

Wie immer, wenn es um diese Begriffsklärung geht, landeten wir auch in diesem Fall bei dem Bild des halb vollen oder halb leeren Glases. Kompetenzansatz, so erläuterte mir ein Student, bedeute, das zur Hälfte gefüllte Glas als halb voll zu betrachten. Der Defizitansatz hingegen beschreibe das gleiche Glas als halb leer. Es war längst Zeit für eine Pause und ich nahm die Gelegenheit wahr, etwas vorzubereiten. Ich stellte zwei zur Hälfte gefüllte Gläser auf meinen Dozententisch und dazu eine Kanne mit Wasser. Nachdem die Studenten wieder ihre Plätze eingenommen hatten, bat ich zwei von ihnen nach vorne an den Tisch. Sie sollten jeweils an den Kopfenden des länglichen Tisches Platz nehmen und nicht mehr sprechen, bis ich es wieder erlaubte.

Ich drehte mich zum Hörsaal: „Ich möchte mit Ihnen eine Übung machen. Sie soll Ihnen den Unterschied zwischen Kompetenz- und Defizitansatz zeigen." Ein unruhiges Raunen ging durch den Hörsaal. Nach kurzer Zeit beruhigten sich die Studenten wieder und schauten gespannt nach vorne zum Dozentenpult. Ich forderte sie auf, zu beobachten, was am Pult passierte, damit sie mir anschließend eine einzige Frage beantworten könnten.

„Füllen Sie nun bitte beide Ihre Gläser bis zum Rand auf. Benutzen Sie dazu die Kanne mit Wasser!" So lautete meine Anweisung an die beiden Studenten, die am Dozentenpult saßen. Abwechselnd nahmen sie die Karaffe und füllten ihre Gläser sorgsam bis zum Rand auf. Eine unspektakuläre Aufführung.

Ich drehte mich dem Hörsaal zu und sagte: „Sie haben gerade beobachtet, wie beide ihre Gläser aufgefüllt haben. Einer von beiden vertritt die Grundeinstellung, dass sein Glas halb leer war, der andere bezeichnet sein Glas als halb voll. Sagen Sie mir, wer welche Ansicht hat."

Es war still, niemand traute sich, etwas zu sagen. Die Studenten dachten wohl darüber nach, was das alles sollte. Ich ließ aber nicht locker und sagte in provozierendem Tonfall: „Na los! Wenn Sie sagen, es bestehe ein erheblicher Unterschied darin, das Glas als halb voll oder halb leer zu betrachten, dann kann es ja wohl nicht so schwer sein, einen Unterschied zu erkennen."

Ein mutiger Student meldete sich zu Wort: „Wir brauchen nur zu fragen, dann wissen wir es. Einstellungen können wir meistens nicht beobachten. Oder sehen Sie mir an, welcher Religion ich angehöre?“

„Das kann ich nicht“, antwortete ich. „Und wissen Sie, warum das nicht problematisch ist? Weil Ihre Religionszugehörigkeit für die Arbeit zwischen Ihnen und mir keine Rolle spielt. Wenn Sie aber die unterschiedliche Einschätzung von halb voll und halb leer als so bedeutend bezeichnen, warum wirkt sie sich dann nicht aus?“

Plötzlich entfachten energische Diskussionen unter den Studenten, denen ich einige Minuten lang freien Lauf ließ. Streitende Teilgruppen hatten sich schnell miteinander verbündet und debattierten über Sinn und Unsinn des Kompetenzansatzes. Einige versuchten in dem Durcheinander Ordnung herzustellen und die Mitstudenten zur Ruhe aufzurufen. Es dauerte etwas, bis sich schließlich ein wortstarker männlicher Student durchsetzte und den Hörsaal zur Ruhe bringen konnte.

„So kommen wir nicht weiter“, sagte er, als die Diskussion sich legte. „Er will uns doch etwas damit sagen. Was wollen Sie uns damit sagen, Herr Simon?“

Da ich nicht gleich antwortete, meldete sich ein anderer zu Wort und rief in den Saal: „Er will uns sagen, dass es keine Rolle spielt, ob wir nach dem Kompetenzansatz arbeiten oder nach dem Defizitansatz!“

Ich antwortete wieder nicht und eine Studentin sagte: „Nein. Ich glaube, er will uns sagen, dass wir den Kompetenzansatz nicht richtig verstanden haben.“ Sie hatte Recht.

Der so genannte Kompetenzansatz gehört zu den am meisten abgenutzten Schlagwörtern der heutigen Pädagogik. Mehr noch, er gehört zu den größten Irrtümern der Pädagogen. Ich habe unzählige Berufskollegen gefragt, was sie vom Kompetenzansatz halten und wie sie ihn umsetzen. Was es ihrer Meinung nach bedeute, danach zu handeln. Immer wieder höre ich dabei den Vergleich des halb vollen und halb leeren Glases. Dieser Vergleich ist weder zu plakativ noch zu einfach, er ist völlig falsch. Die Einschätzung eines Glases als halb voll oder halb leer sagt etwas über die Zuversicht des Betrachters aus, über seine Hoffnung und sein Vertrauen. Einfach gesagt unterscheidet sie den Optimisten vom Pessimisten. Wenn sich aber die Handlungsweise eines Optimisten nicht von der eines Pessimisten unterscheidet, sondern nur seine Einschätzung darüber, ob oder wie schnell das Ziel erreicht werden kann, spielt die Unterscheidung keine Rolle. So wie beide Studenten ihr Glas mit Wasser auffüllten bis zum Rand, versuchen auch die meisten Pädagogen bei ihren Klienten etwas aufzufüllen. Sie tun dasselbe, nur der eine behauptet, sein Klient hätte Fähigkeiten und der andere betont, dass sein Klient Probleme hat. Ein bestenfalls rhetorischer Unterschied, falls überhaupt einer besteht.

Wenn ich bohrende Rückfragen stelle, erhalte ich mit Regelmäßigkeit die Antwort, es sei ein Unterschied, ob wir an vorhandene Fähigkeiten anknüpfen oder Lücken auffüllen. Den Klienten dort abholen, wo er steht, lautet ein anderes in diesem Zusammenhang gebrauchtes Schlagwort. Ungeprüft werden diese Worthülsen über-

nommen und immer wieder in der Suppe der Projekt-
konzeptionen aufgekocht.

Auf mein unablässiges Fragen habe ich einmal die
Antwort erhalten, die Arbeit mit einem Klienten sei wie
ein Puzzle. Das Bild sei nicht fertig aber man könne
erkennen, wie es einmal aussehen wird. Das Puzzle wäre
beispielsweise von links begonnen worden, dann sei es
ein bedeutender Unterschied, ob wir am rechten Ende
des halb fertigen Puzzles die nächsten Stücke anlegen
oder am rechten Rand des Bildes und von da aus auf das
halb fertige Puzzle zugehen.

Wahrscheinlich gibt es noch einige Bilder, anhand deren der angebliche Unterschied zwischen Kompetenz-
und Defizitansatz von so manchem Praktiker beschrieben wird. Alle, die nach diesem Grundprinzip aufgebaut
sind, enthalten den Irrtum, dass sie etwas mit der Kompetenz des Klienten zu tun hätten. Immer geht es darum,
dass jemand von außen entscheidet, wie die vorhandenen
Fähigkeiten zu bewerten sind und wie eine Entwicklung
weitergehen soll. Pädagogen entscheiden munter drauf-
los, wenn es zu sagen gilt, was einer Person noch fehlt,
welches Wissen ergänzt und welche Fertigkeiten gefördert werden sollen. Heute nennt sich so etwas Coaching,
Fallmanagement oder Profilanalyse. Nach vorgefertigten
Kriterien werden meist standardisierte Fragebögen aus-
gefüllt und schlimmstenfalls Kategorien angekreuzt.
Klientenmerkmale werden dann beispielsweise von
„kaum vorhanden" bis „besonders vorhanden" auf einer
mehr oder weniger zergliederten Skala per Ankreuzver-
fahren katalogisiert.

Das ist und bleibt ein Defizitansatz, ein respektloses und Menschen verachtendes Vorgehen. Niemals können wir einen Menschen auch nur annähernd durch die Auswahl von Merkmalen aus einem Kriterienkatalog beschreiben, erst recht nicht so etwas wie Kompetenzen greifbar machen. Allen Argumenten für ein solches Erhebungssystem von Merkmalen erteile ich eine Generalabsage. Glücklicherweise war ich bisher immer dazu berechtigt, solche Dokumentationssysteme abzuschaffen und durch andere zu ersetzen. Es ist nicht schwierig, Alternativen zu finden. Alle anderen sind besser und respektvoller.

Kompetenz in der von mir gebrauchten Wortbedeutung ließe sich am besten mit Entwicklungsspielraum übersetzen. Es geht um das Potenzial einer Person, um ein anderes Fremdwort zu benutzen. Ein Kompetenzansatz muss daher dem Klienten Gelegenheit bieten, eigene Kraft und Ideen zu entfalten. Der Klient soll sich selbst betrachten und einschätzen können, nach seinem Wertesystem, denn ein anderes gibt es nicht. Nur durch die Brille seiner eigenen Erfahrung kann er sich selbst in seiner sozialen Umwelt betrachten und Lösungswege für seine Themen finden. Und seine Brille ist nicht mit mehr Mängeln behaftet als die seines Pädagogen, es ist eben nur seine eigene. Wenn nun der Klient eine Situation zwischen sich und dem Pädagogen vorfindet, in der er genau diese Gelegenheit bekommt und sein Entwicklungspotenzial nutzen darf, so löst er seine Probleme schneller und nachhaltiger. So entscheidet er eigenverantwortlich und geht seinen Weg. So kommt er näher zu sich selbst.

Wird er jedoch von seinem Pädagogen gezwungen, etwas bestimmtes zu denken und zu tun, so findet er sich darin nicht wieder, findet allenfalls zufällig Anknüpfungspunkte zu seinen eigenen Fähigkeiten. Diese grenzenlose Arroganz pädagogischer Fachkräfte, die sich anmaßen zu wissen, was eine Person zu tun hat, um Fortschritt zu erzielen, nimmt mitunter bizarre Formen an. Wie eine unmündige, schwachsinnige Herde werden Arbeitslose in so genannten Trainingsmaßnahmen oder Arbeitsgelegenheiten zusammengetrieben. Der immer gleiche Bewerbungsunterricht mit sich ständig wiederholenden Rollenspielen soll dazu dienen, sie wieder in Arbeit zu bringen. Modulare Qualifizierung soll ihnen außerdem gerecht werden und weiterhelfen. Aus einer Vielzahl von kurzen Ausbildungsblöcken werden für den Einzelnen passende Module herausgesucht, die er dann durchlaufen muss, um besser gerüstet zu sein für die baldige Aufnahme einer bezahlten Arbeit. Als jemand, der fünf Jahre lang bei der Erstellung von Maßnahmekonzeptionen die Federführung bei einem gemeinnützigen Bildungsunternehmen hatte, weiß ich, wie oberflächlich in diesem Bereich oft gearbeitet wird. Die immer gleichen Worthülsen und all die sinnlosen Erläuterungen zur Klientel und ihren grundsätzlichen Problemlagen werden dabei immer wieder umformuliert oder buchstäblich von Maßnahme zu Maßnahme kopiert. Nur Wenige machen sich wirklich Gedanken und wagen sich, neue Wege zu beschreiten. Diejenigen, die es tun, bringen uns Innovationen und interessante Impulse. Leider sind sie eine Randgruppe.

Die Entmündigung des Klienten wird unter der Maske des als „passgenaue Hilfen" bezeichneten Umgangs mit dem Klienten regelrecht zelebriert. Passgenauigkeit ohne Beteiligung des Klienten. Der Pädagoge entscheidet aufgrund seiner als professionell verkauften Erhebungsmethode darüber, was zu tun ist. Er legt fest, was dem Klienten fehlt und wie er es bekommen soll. Im schlimmsten Fall spuckt ein Computerprogramm die passgenaue Hilfe aus, indem er nach der Eingabe von Merkmalen und Einschätzungen zurückmeldet, was zu tun ist.

Die Situation ist komplex: Der Klient wird entmündigt, dirigiert, wie ein kleines Kind behandelt. Per Knopfdruck eines Sachbearbeiters der Arbeitsvermittlung oder eines Pädagogen im Fallmanagement wird über seinen Weg entschieden, über seine Stärken und Schwächen, über sein Bildungsdefizit und seine Chancen auf dem Arbeitsmarkt. Er soll aber das Gefühl haben, sich selbst einbringen zu können, er soll einsehen, dass er das braucht, was der Pädagoge ihm aus seinem Angebotskatalog ausgesucht hat. Wenn alles in geschickter Diplomatie verläuft, hält der Klient die Entscheidungen seines Pädagogen für die eigenen. Solch eine Maskerade ist manchmal schwer aufrechtzuerhalten, funktioniert aber insgesamt mit beachtlichem Erfolg. Meist sind es Floskeln und die mit sorgenvoller Mine vorgetragene Betroffenheit des Pädagogen beim Anhören des Klientenschicksals, die dazu dienen sollen, den guten Willen des Pädagogen zu belegen. Es scheint, als verstünde der Pädagoge die Situation des Klienten, der in seiner belastenden Umwelt nur allzu gerne einen Heilsbringer finden möchte. Die Notsituation des Klienten wird dazu ausgenutzt, selbst als guter Mensch dastehen zu dürfen. Dem Klienten wird vorgegaukelt, er stünde im Mittelpunkt, man wolle ihm helfen, das für ihn erledigen, was ihm im Moment zu viel ist. Es wird ihm nicht gesagt, dass er nur überredet werden soll, einen bestimmten Weg zu beschreiten. Diesen soll er für den Weg des Erfolges und der Erlösung halten. So wird der Pädagoge zum geschätzten Partner bei der Problemlösung. Sein Engagement gilt jedoch nur einem einzigen Ziel: Er will wahrgenommen und vom Klienten geliebt werden. Er will, dass der Klient ihm den Respekt und die Aufmerksamkeit gibt, die er als Kind nicht erhalten hat und auch heute vergeblich bei den Mächtigen erbettelt.

Meine Forderung an die Pädagogen ist schnörkellos: Lasst eure Klienten in Ruhe! Sie brauchen eure Bevormundungen nicht. Sie sind nicht unmündig und sie kennen ihre Bedürfnisse genauer als ihr glaubt. Nehmt einen ehrlichen Kontakt mit ihnen auf, redet mit ihnen – begegnet ihnen! Sucht euch andere Zuhörer für eure Misere. Lasst von euren Vorstellungen los, denn was euch fehlt, muss nicht auch eine Lücke bei euren Klienten sein. Traut euch, eure Klienten als mündige Personen zu betrachten. Sie tun es auch mit euch, trotz eures Betruges, trotz eurer Hilflosigkeit!

Niemand braucht eine besondere Methode, um dies zu erfüllen, auch keine langwierige Eigentherapie. Was wir brauchen ist Mut. Mut, uns selbst als Befangene wahrzunehmen. Mut, den Klienten als von uns unabhängig zu betrachten. Mut, ihn seinen Weg gehen zu lassen, auch wenn dieser uns nicht gefällt oder den Anforderungen eines Projektes zuwiderläuft. Mut, auf die Gefolgschaft und die Zuneigung des Klienten zu verzichten. Mut, in einen ehrlichen, verbindlichen und respektvollen Kontakt zu treten, der frei ist von dem Zwang festgelegter Bewertungen und Denkweisen.

Wer bereit ist, sich dieser Anforderung zu stellen, beschreitet einen anstrengenden und schmerzhaften Weg, denn vieles wird nicht mehr gelten, Zugangsweisen und Handlungsabläufe werden sich verändern. Der Klient lernt vom Pädagogen, der Pädagoge lernt von ihm. Der Klient steht plötzlich dort, wo er hingehört: auf Augenhöhe.

Mythos

Dädalus und Ikarus waren Vater und Sohn. Sie entstammen der griechischen, genauer gesagt der kretischen Mythologie. Generationen von Schülern mussten im Lateinunterricht die Sage der beiden übersetzen. Als angeblich lehrreiches Märchen für Kinder wird sie ebenfalls gebraucht. Der Kern der Geschichte ist dabei schnell erzählt.

Dädalus und Ikarus flohen von der Insel Kreta und bauten sich dazu Flügel. Sie stellten sie aus Vogelfedern und Wachs her und beschlossen, damit Richtung Festland zu fliegen. Der lebenserfahrene Dädalus ermahnte also seinen jungen und energischen Sohn Ikarus, er solle nicht zu hoch fliegen und der Sonne, genauer gesagt dem Sonnenwagen nicht zu nahe kommen. Das Wachs könne sonst in der Hitze der Sonne weich werden und die Flügel auseinanderfallen. Beide flogen los, aber Ikarus konnte der Versuchung des freien Fliegens nicht widerstehen. Schließlich geschah es, wie Dädalus es vorhergesehen hatte. Ikarus stürzte ab und ertrank. Die Lehre, die aus der Geschichte von Dädalus und Ikarus gezogen werden soll, ist offensichtlich: Befolge den Rat der Älteren, damit du nicht in Gefahr kommst.

Dädalus würde auch heute noch Zustimmung finden. Zwar befürworten die meisten Menschen, dass Kinder ihre eigenen Erfahrungen machen sollen, eine Weitergabe des eigenen Wissens und der im eigenen Leben angehäuften Erfahrungen hat jedoch auch einen Stellenwert. Gerade in Gefahrensituationen würden wohl die meisten Menschen ihre Kinder warnen und so zu schützen versuchen. Soweit ist nichts Bemerkenswertes an Dädalus.

Und doch gibt es etwas Bedeutendes, wenn wir genauer in die kretische Mythologie schauen und uns dort nach Dädalus erkundigen. Es gibt nämlich einen unterschlagenen Teil, ein Geheimnis, das uns verborgen bleibt, weil wir immer nur von Ikarus und seinem Todesfall hören, wenn es um seinen Vater geht. Dieser nämlich war eigentlich ein Kunsthandwerker und arbeitete lange Zeit in einer eigenen Kunstwerkstatt. Sein Neffe Perdix wurde von ihm darin ausgebildet, das Kunsthandwerk zu verrichten. Als Lehrling lernte Perdix, der in manchen Überlieferungen auch Thalos genannt wird, schnell und wurde bald ein versierter Bildhauer, der seinen Onkel Dädalus an Geschicklichkeit übertraf. Eigentlich sollte sich nun Dädalus freuen, immerhin hatte er ihn ausgebildet und Perdix war sein Neffe. Dädalus aber war rasend vor Eifersucht auf die Begabung des Neffen und konnte nicht ertragen, dass dieser mit der Zeit ein besserer Künstler wurde als sein Lehrmeister. Der Neffe war also zumindest im Beruf erfahrener und versierter geworden als der Onkel Dädalus. Um nicht im Schatten des Perdix stehen zu müssen, tat Dädalus etwas Frevelhaftes: Er versuchte seinen Neffen Perdix zu töten. Eines Tages lockte er ihn unter einem Vorwand an eine Felsklippe und stürzte ihn hinab. Perdix wurde allerdings von Athene gerettet und in ein Rebhuhn verwandelt. Dieses Ereignis passt nun nicht wirklich zu dem treu sorgenden Dädalus, der uns immer präsentiert wird. Ohne nun die kretische Mythologie zu studieren, könnten wir die Frage erheben, ob Dädalus wirklich in Sorge war um Ikarus. Vielleicht wusste er auch, dass Ikarus sich seinem Gebot widersetzen würde. Möglicherweise war er sich sicher, dass er seinen Sohn nur warnen musste, um zu provozieren, dass er in seinem Übermut zu Tode kam. All das interessiert mich nicht wirklich, weil es wohl kaum zu klären ist und selbst dann überlasse ich es gerne anderen. Was an der Geschichte des Dädalus so interessant ist, ist die Tatsache, dass ein Mann, der versucht hatte, einen Menschen zu töten, so viele Jahre lang als großes Vorbild dienen konnte. Niemand hat je gefragt, ob Dädalus ein guter Mann war. Und für die Botschaft der Sage von Dädalus und Ikarus spielt das vielleicht auch keine Rolle.

Während meiner bisherigen Auseinandersetzung mit dem Verhältnis zwischen Pädagogen und Klienten ist mir jedoch aufgefallen, dass es eine interessante Parallele gibt. Der Pädagoge gibt für Gewöhnlich vor, ein ehrlich Helfender zu sein, einer, der es gut meint. Er gibt als Erzieher Anweisungen und Richtlinien des Verhaltens aus und schlägt als Sozialpädagoge Problemlösungswege und Verhaltensstrategien vor. Er versucht, seine Erfahrung weiterzugeben. Meistens nicht erfolgreicher als Dädalus. So wie sein Sohn Ikarus etwas anderes oder sogar das Gegenteil von dem ausprobierte, was Dädalus ihm empfohlen hat, so erlebt auch der Pädagoge, dass sein Klient eigene Wege gehen will und ihm nicht Folge leistet. Einem Menschen zu sagen, was er tun oder denken oder gar fühlen soll, ist nur selten von Erfolg gekrönt. Und das Überdauern eines Erfolges scheint wenig aussichtsreich, wenn mit ihm kein Prozess des Verstehens und der Entwicklung einhergeht.

Die Parallele geht aber noch weiter. So wie Dädalus kein altruistischer, guter Mensch war, ist auch der Pädagoge meistens kein ehrlich Helfender. Auch er ist nicht an der Ebenbürtigkeit seiner Schützlinge interessiert. All seine Hilfsangebote, sein Engagement für seinen Klienten, dienen nicht dessen Entwicklung oder gar seinem Wachstum. Er soll abhängig bleiben und befolgen, was sein Pädagoge für ihn erdacht hat. Die eigene Befangenheit, die unerfüllten Kinderwünsche, die nie gestillte Sehnsucht, von den Eltern gehört und respektiert worden zu sein, das ewig innerlich nach Anerkennung schreiende Kind haben die meisten Pädagogen längst die Klippe hinuntergestürzt wie Dädalus einst Perdix. Aber auch das innere Kind wurde heimlich gerettet. Es lebt in uns weiter, wir glauben nur, dass es nicht mehr da ist, weil wir es verbannt haben. Dieses Kind ist es, das uns immer wieder zu Dädalus macht, uns ständig nach Ikarus suchen lässt, von dem wir Aufmerksamkeit, Gefolgschaft und Zuneigung fordern können. Tut er das nicht, erwartet ihn der Absturz, so zumindest wird es ihm klargemacht. Unzählige Pädagogen, Lehrer, Ausbilder, Berater und Sozialpädagogen haben den Weg des Dädalus gewählt: die Tötung des inneren Kindes und das Suchen nach Ikarus, der ihnen folgen soll. Der Klient ist meist vorsichtiger als Ikarus, fliegt nicht ganz so hoch. Und wenn er es doch tut, so stirbt er nicht, sondern wird von seinem Pädagogen noch einmal auf die Reise geschickt. Dädalus hat es heute eben besser: Er kann den Flug des Ikarus wiederholen, bis dieser nachgibt.

Aber Ikarus gibt nicht immer nach. Er will uns nicht immer lieben und damit einen Gefallen tun. Klienten tun uns oft einen Gefallen, indem sie Verständnis und Mitleid aufbringen. Aber das machen sie nicht immer. Das stört den heutigen Dädalus nicht. Er hat zwei Möglichkeiten, die Aufmerksamkeit seines Ikarus zu erzwingen: Er kann sein Heilsbringer sein oder sein Unterdrücker. Die offen gelebte Respektlosigkeit, mit der zahlreiche Pädagogen ihren Klienten begegnen, ist dabei ein erbärmliches Abbild der selbst erlebten Eltern-Kind-Beziehung. Es geht jedoch nicht einfach um das Ausüben von Macht, es geht darum, in der Rolle derjenigen zu stehen, die ihnen selbst keinen Respekt gezollt haben. Wenn die Mächtigen nicht zuhören, werden die Erben des Dädalus selbst zu mächtigen Personen. Sie tun es aber nicht anders, sondern genauso wie ihre eigenen Peiniger. Und sie tun es nicht, um die Schuld der Mächtigen zu leugnen oder ihr Unrecht zu rechtfertigen, auch nicht um heimlich das göttliche Bild der Eltern, das einst in der Kindheit bestand, zu retten. Sie tun es, weil sie gelernt haben, dass Macht eine treffsichere Möglichkeit ist, die Aufmerksamkeit des Klienten zu sichern. Seine Zuneigung muss nicht angenehm sein, Hauptsache sie ist überhaupt vorhanden.

Befreiung

Früher oder später begegnet mir immer wieder die gleiche Frage, die sich der Leser vielleicht auch stellen mag: Tun alle Pädagogen das Gleiche oder gibt es auch solche, die es anders machen?

Die Antwort fällt leicht: Ja, es gibt sie! Es sind jedoch wenige. Zu wenige, um die pädagogische Fachwelt noch als solche zu bezeichnen. Nicht nur ich, auch meine Diskussionspartner können hartnäckig sein. Ich muss mich daher häufig mit der Frage konfrontieren, wie viel Prozent der Fachpraktiker meiner Meinung nach zu den Pädagogen gehören, die es anders machen als die Erben des Dädalus. Meine Antwort klingt diplomatisch, ist aber anders gemeint:

Für einen Klienten, der betrogen wird, spielt es keine Rolle, bei wie vielen Pädagogen er eine günstigere Situation vorgefunden hätte. Wo wir stehen, liegt in unserer Hand. Wir sind nicht die Sklaven unserer unerfüllten Wünsche, nicht das Werkzeug unseres inneren Kindes. Wir können seine Verbündeten sein und damit Befangene, die sich nach seinen Vorstellungen richten. Nur gelingt es uns auf diese Weise nicht, einen ehrlichen, respektvollen, verbindlichen und damit wirklich hilfreichen Kontakt zu unseren Klienten aufzubauen. Wir können uns aber auch befreien von der Umklammerung der eigenen Lebensgeschichte, vom selbst erfahrenen Schicksal des nicht gehörten Kindes. Diese Befreiung ist

Aufgabe jedes einzelnen Pädagogen, wie viele es tatsächlich versuchen, ist für die Arbeit des Einzelnen unerheblich.

Die Befreiung von der Befangenheit ist nicht auf intellektuellem Wege zu leisten. Weder das Anerkennen noch das logische Nachvollziehen der Verhaltensmuster, die Selbstzweck für den Pädagogen sind, können irgendetwas daran ändern. Nur wer Zugang zu seinen Emotionen findet, kann die Gefühle der Erniedrigung und Zurückweisung als Teil der eigenen Geschichte und als Einflussgröße des eigenen Selbstkonzeptes verarbeiten. Ein solcher Verarbeitungsprozess ist immer schmerzhaft, denn die Erfahrung aus der Kindheit und ihre Wiederholung im Erwachsenenalter war und ist schmerzhaft. Die Befürchtung, dass dieser Schmerz nicht auszuhalten wäre und die Überzeugung, dass er nie enden wird, sind es, die die meisten Menschen davon abhalten, diesen Weg zu gehen. Diejenigen, die es wagen, spüren schon bei der leidvollen Auseinandersetzung die Tendenz der Befreiung und erleben den Prozess als Entwicklung.

Um das zu ermöglichen, muss eine Beziehung gefunden werden, in der wir wirklich gehört werden. Dabei darf es aber nicht um die Themen unserer Klienten gehen, nicht um gesellschaftliche Problemlagen, nicht um den Untergang des Sozialstaates oder andere Unheilsverkündungen. Es muss um uns selbst gehen. Nur wenn wir die Gelegenheit haben, über uns selbst zu reden, die eigene Kränkung zum Ausdruck zu bringen und den Schmerz der erfahrenen Erniedrigung noch einmal zu durchleben, gelingt es uns, kein Werkzeug mehr zu sein.

Unser eigenes Schicksal kann dann als schmerzhafte Erfahrung in unserer Erinnerung abgespeichert werden. Diese Erinnerung kann immer wieder wahrgenommen werden und uns häufig empfindlich berühren. Sie wird uns aber nicht mehr zwingen, das Erbe des Dädalus weiter zu tragen. Wir werden noch Befangenheiten spüren im Kontakt mit unseren Klienten, aber wir werden sie schneller und deutlicher spüren und können sie dann loslassen. Wir werden damit von Befangenen zu Betroffenen. Unsere Klienten müssen nichts mehr für uns erfüllen.

Alle Pädagogen, die Befangene sind, bewegen sich Tag ein Tag aus auf der Suche nach einer solchen Beziehung. Manche suchen sie in einer Therapie, andere in Selbsterfahrungsgruppen, wieder andere in ihrer Partnerschaft oder bei Freunden. Es ist nicht mein Anliegen, zu entscheiden, für welchen Pädagogen der eine oder andere Ansprechpartner der geeignete ist. Pädagogen über Möglichkeiten der Selbstklärung zu informieren, ist sicherlich nicht notwendig. Diese aktiv zu betreiben ist mit größeren Hindernissen verbunden als das Finden einer wirklich hilfreichen Beziehung.

Die wichtigste Voraussetzung der Veränderung besteht in dem Mut, den wir benötigen, um uns selbst zu begegnen. Der fehlende Mut ist gleichzeitig das größte Hindernis auf diesem Weg. Wesentlich leichter ist die Suche nach immer neuen Opfern unserer Befangenheit. Der Zugriff auf diese ist denkbar einfach. Pädagogen treffen sie täglich. Sie nennen sie Klienten und maskieren damit die Absicht, einen Zuhörer aus ihnen zu machen.

Dieser aber wird selbst bei demütiger Erfüllung dieses Wunsches nicht zur Befreiung seines Pädagogen beitragen können. Er hat selbst Bedürfnisse und Probleme und er begegnet dem Pädagogen, um Erleichterung und Hilfe zu erfahren. Das ist die Abmachung zwischen beiden. Pädagogen, denen es nicht gelingt, im Kontakt mit ihren Klienten Betroffene anstatt Befangene zu sein, begehen Betrug, solange sie dem Klienten vormachen, seine Interessen wahrzunehmen.

Die geheime Absicht, durch das angebliche Helfen selbst Trost und Erlösung zu finden, erweist sich für Pädagogen immer wieder als Trugschluss. Nach kurzen Momenten des Gefühls der Zufriedenheit oder Freude folgt wieder die ständig schwelende Niedergeschlagenheit und Hoffnungslosigkeit. Sie begegnet uns in dem täglichen Wehklagen der Pädagogen aus den unterschiedlichsten Arbeitsbereichen. Dabei konzentrieren sich diese Klagen in den meisten Fällen auf das Anprangern der Klienten oder einer ungerechten Obrigkeit. Klienten erfüllen nicht immer das Bedürfnis befangener Pädagogen. Und selbst diejenigen, die sich so verhalten, wie es der Pädagoge wünscht, können seinem tiefen Wunsch nach Erlösung nicht ansatzweise gerecht werden. Das führt zu Frustrationen.

Bei all den Unterschieden und fachlichen Diskussionen, die es unter Pädagogen darüber gibt, was zu tun ist und wie es zu tun ist, wenn wir mit Menschen arbeiten, gibt es doch eine große Einigkeit, wenn es um das Beklagen von Umständen geht. Vorgesetzte, Institutionsvorgaben, konzeptionelle und organisatorische Pläne werden dabei ebenso als Ursache der eigenen Unzufriedenheit im Beruf thematisiert wie politische Vorgänge und gesellschaftliche Bedingungen.

Diese Seite der Diskussion spiegelt die Erfahrung der selbst erlebten Eltern-Kind-Beziehung wider und demonstriert in beeindruckender Art und Weise die Befangenheit der Pädagogen. Die andere Seite der Diskussion widmet sich ganz den Zielgruppen der pädagogischen Arbeit. Beklagt werden hierbei die Motivation, die Fähigkeiten und der Wille der Klienten. Sie werden dafür verantwortlich gemacht, dass pädagogisches Handeln erfolglos bleibt. Sie sollen sich mehr bemühen – und ihrem Pädagogen damit Trost spenden und das Gefühl erlauben, endlich erhört und wirklich gebraucht zu werden.

Lehrer klagen seit jeher über das Nachlassen der Lernbereitschaft ihrer Schüler und über die zunehmende Verwahrlosung und den sittlichen Verfall der Jugend. Ebenso laut hallt der Ruf nach Unterstützung der Ministerien durch Veränderung von Lehrplänen, Arbeitszeiten und Befugnissen im Umgang mit Schülern. Erzieher weisen ständig auf den immer bedenklicheren Zustand der Kinder in vorschulischen Einrichtungen hin, auf sprachliche Defizite, fehlende Grundlagenerziehung und die wachsende Begrenztheit eigener Einflussmöglichkeiten aufgrund fehlender Kooperation der Eltern. Gleichzeitig leiden alle unter den Vorgaben, den räumlichen Bedingungen und der finanziellen Ausstattung der Träger der Einrichtungen. Sozialpädagogen und Sozialarbeiter beschweren sich über fehlende Motivation von Arbeitslosen und über die Unlösbarkeit ihrer Aufgabe, in der Kürze der Zeit einen entscheidenden Beitrag zur Sozialisierung ihrer Klienten beizutragen. Ebenso klagen sie über die Auflagen der Kostenträger, über den Zwang von Erfolgsquoten durch Schulabschlüsse, bestandene Ausbildungen oder Vermittlung in Arbeitsverhältnisse. Natürlich brauchen wir Veränderungen und Fortschritt, müssen wir Missstände anprangern und Lösungsmöglichkeiten entwerfen. Von den Verantwortlichen müssen wir Unterstützung fordern, denn die pädagogische Arbeit darf nicht auf der Stelle treten. Mit diesen Selbstverständlichkeiten will ich mich hier nicht weiter befassen. Sie sind nicht Gegenstand dieses Buches.

Die Wahrheit sieht meistens viel grotesker aus, als es die ständigen Forderungen nach Verbesserung der Umstände vermuten lassen. Das Wehklagen ist häufig nichts anderes als das trotzige Treten des nicht gehörten inneren Kindes, das nach Zuneigung schreit. Die größte Überforderung bestünde darin, dem befangenen Pädagogen all seine Wünsche zu erfüllen, ihn mit den Mitteln und Bedingungen auszustatten, die er zur optimalen Verrichtung seiner Aufgabe haben will. Er würde den Boden seines Anerkennungskampfes verlieren. Er hätte keinen Grund mehr zur Klage. Er wüsste nicht mehr, wie er mit der Situation umgehen sollte. Seine tiefe innere Verletztheit bliebe, denn die Vergangenheit lässt sich nicht mehr ändern. Seine Betäubungsrituale aber gingen nicht mehr auf. Die traurige Wahrheit ist: Er will, dass alles so bleibt. Er fühlt sich in seiner Situation nicht wohl, aber er fühlt sich dort zuhause.

Gelingt die Befreiung und der Wandel vom Befangenen zum Betroffenen, so werden wir noch sensibler für die Bedürfnisse des anderen, offener für seine Sichtweise und können ihn seinen Weg gehen lassen. Wir werden immer noch die Umstände beklagen, aber auch das Beste aus ihnen machen. Wir werden nicht nur reden, sondern handeln. Wir werden uns nicht mehr auf den Standpunkt zurückziehen, dass jeder Versuch der Veränderung scheitert, weil eine Institution, ein Kostenträger oder die Gesellschaft uns im Wege stehen. Wir werden ein aktiver Teil von ihnen. Der Klient hat dann nichts mehr zu befürchten, er muss für seinen Pädagogen nichts mehr erfüllen. Er darf sich um sich selbst kümmern und findet einen ehrlichen Helfer, der seine eigene Geschichte hat und davon immer wieder betroffen ist. Der Pädagoge ist jedoch auch dann kein fertiger Mensch. Er entwickelt sich ständig weiter und unterscheidet dabei immer wieder zwischen den eigenen Bestrebungen und Bedürfnissen und denen seines Klienten. Er benötigt nicht mehr die ständige Anerkennung, er schreit nicht mehr täglich nach Gehör.

Er wird lernen, sich selbst anzuerkennen, denn nur dann wird er die Anerkennung anderer Menschen als ehrliche Geste wahrnehmen können. Er wird sich weigern, weiterhin ein einfacher Erbe des Dädalus zu sein und dessen Frevel selbst zu leben. Er wird sich dagegen auflehnen, ein hilfloser Helfer und sich selbst tröstender Betrüger zu sein. Er wird sich helfen lassen, doch keinesfalls von den Menschen, zu deren Hilfe er selbst bestellt ist. In einer ehrlichen und durchaus schmerzhaften Selbstbegegnung wird er sich seiner eignen Geschichte stellen, denn eine andere hat er nicht. Doch die Prognose sieht gut aus, wenn er dazu bereit ist und diesen Weg geht. Mit Erleichterung und Freude wird er erfahren, dass das Helfen seine Passion bleibt, doch anders als zuvor – unbefangener, kreativer, altruistischer und vor allem ehrlicher.